Diccionario básico de Sociología

DICCIONARIOS BÁSICOS

La Bisagra | Buenos Aires | 2011

Fau, Mauricio Enrique
    Diccionario básico de sociología. - 2a ed. - Buenos Aires : La Bisagra Editorial, 2011.
    v. 3, 128 p. ; 14x10 cm. - (Diccionarios Básicos / Mauricio Enrique Fau; 3)

    ISBN 978-987-1719-26-6

    1. Diccionarios. 2. Sociología. I. Título
    CDD 301.03

Fecha de catalogación: 18/08/2011

Colección Diccionarios Básicos
Director de la colección › Lic. Mauricio E. Fau

Mauricio Fau se graduó en la Licenciatura en Ciencia Política en la Universidad de Buenos Aires, UBA. Cursó también estudios de grado en la Carrera de Derecho de la UBA y en la Carrera de Periodismo de la Universidad de Morón.

Asimismo realizó materias de posgrado de la Maestría en Ciencias Sociales con especialización en Ciencia Política de la Facultad Latinoamericana de Ciencias Sociales, FLACSO.

Asistió a diversos talleres y seminarios en instituciones educativas, entre ellas el Instituto Argentino de Desarrollo Económico, IADE.

Representando a FLACSO participó con una ponencia en las Jornadas Nacionales Nietzsche 1994 y su exposición forma parte del libro alusivo, editado por la Editorial Universitaria de Buenos Aires, EUDEBA. Ha colaborado también con publicaciones vinculadas a las Ciencias Sociales y co-dirigió programas radiales de temática histórico-política.

Profesionalmente, se desempeñó como docente de la Carrera de Ciencia Política de la UBA y actualmente es Director Académico de La Bisagra Editorial y autor de numerosos libros de temática universitaria.

Derechos exclusivos ©2011, **La Bisagra Editorial.**
Tonelero 5971, CP 1408, CABA, 4642-3802.
Salón de ventas: Librería TODO CBC, Viamonte 2011, CABA.
Impreso en Arieimpresores, Mariano Acha 2415 (1430), C.A.B.A., en el mes de septiembre de 2011.

1° impresión en esta colección: 1000.
Hecho el depósito que prevé la ley 11.723
Impreso en Argentina

Diseño de tapa e interior: María Eugenia Vigna
Ilustración de tapa: Leandro Fernández Fau

Escribo para que la muerte no tenga la última palabra.

Odysseus Elytis, poeta griego

DATOS BIOGRÁFICOS

DEL AUTOR

Mauricio Fau se graduó en la Licenciatura en Ciencia Política en la Universidad de Buenos Aires, UBA.

Cursó también estudios de grado en la Carrera de Derecho de la UBA y en la Carrera de Periodismo de la Universidad de Morón.

Asimismo realizó materias de posgrado de la Maestría en Ciencias Sociales con especialización en Ciencia Política de la Facultad Latinoamericana de Ciencias Sociales, FLACSO.

Asistió a diversos talleres y seminarios en instituciones educativas, entre ellas el Instituto Argentino de Desarrollo Económico, IADE.

Representando a FLACSO participó con una ponencia en las Jornadas Nacionales Nietzsche 1994 y su exposición forma parte del libro alusivo, editado por la Editorial Universitaria de Buenos Aires, EUDEBA.

Ha colaborado también con publicaciones vinculadas a las Ciencias Sociales y co-dirigió programas radiales de temática histórico-política.

Profesionalmente, se desempeñó como docente de la Carrera de Ciencia Política de la UBA y actualmente es Director del Departamento Académico de la firma Soluciones Universitarias, especializada en la elaboración de materiales didácticos para el ingreso a la Universidad.

DEL REVISOR

Obdulia García Piñeiro de Scabbiolo cursó la Licenciatura en Sociología de la Universidad de Buenos Aires (UBA) y se desempeñó como docente de la materia Sociología en el Ciclo Básico Común, CBC, de la UBA.

PREFACIO

Elaborar este diccionario –y los demás que forman la colección de Diccionarios Básicos– ha sido una tarea ardua e intensa, pero muy satisfactoria.

Las miles de horas dedicadas al trabajo se ven recompensadas por la convicción de que el lector encontrará un material realmente valioso, realizado con la mayor seriedad.

En lo personal, me ha sido de suma utilidad el verme ante el desafío de elaborar un contenido que incluya las más diversas manifestaciones del pensamiento, con la convicción de que es desde el conocimiento de lo diverso como se constituyen las propias ideas.

Sin caer en un eclecticismo vacío ni oportunista, la legítima aspiración a la objetividad científica se topa indefectiblemente con la toma de posición, la cual –a la inversa– es puesta en cuestionamiento, es interpelada, por ideas diferentes e incluso antagónicas.

Estoy convencido de que la verdadera libertad del hombre pasa, no por una pretendida objetividad dogmática, sino por la posibilidad de tener acceso a todas las voces, a todos los discursos, a todos los conflictos. Sólo de ese modo –es decir conociendo perfectamente aquellas ideas que no son las nuestras– podremos realmente elegir de un modo no dogmático las propias.

La vieja idea ilustrada del enciclopedismo mantiene su vigencia. El objetivo de este Diccionario es aportar un granito de arena en la titánica lucha por la liberación humana de toda forma de opresión.

Si por intermedio de este libro el lector logra aprender y aprehender algo más de lo que ya sabía. O mejor, si se topa con ideas que contradicen las suyas hasta hacerlas tambalear. Si se produce esa *sacudida*, entonces el objetivo estará cumplido. Las grandes revoluciones de la historia requieren tanto de una transformación social material como de un cambio en la cabeza de sus protagonistas.

El autor

CARACTERÍSTICAS DEL DICCIONARIO

- Los términos más utilizados en el ámbito universitario

- Explicación breve, pero precisa y completa

- Definiciones basadas en la bibliografía propuesta en los programas de las materias del Ciclo Básico Común de la Universidad de Buenos Aires (CBC), el sistema a distancia UBA XXI y otros de diversos universidades públicas y privadas

- Gran cantidad de remisiones, para que el lector encuentre el término que busca

- Referencias cruzadas destacadas que permiten pasar de una definición a otra vinculada y así sucesivamente. Así, partiendo de cualquier definición del Diccionario es posible recorrer diversas rutas: el conjunto de una teoría, cotejar teorías diferentes, asociar y agrupar términos, recorrer la obra completa de un autor por medio de sus conceptos claves

- Contextualización rápida: en las entradas referentes a personajes históricos y pensadores, inmediatamente después del apellido y nombres se ofrecen datos como la fecha de nacimiento y muerte, nacionalidad, profesión, etc

• Términos no unívocos: en el caso de las entradas cuyas definiciones dependen de la teoría en la que se encuadren, esto se aclara específicamente. Esto es útil a los lectores para comparar y advertir la diversidad ideológica que tienen muchos términos, reforzando el espíritu pluralista y crítico, reconociendo las cargas ideológicas diferentes y hasta opuestas

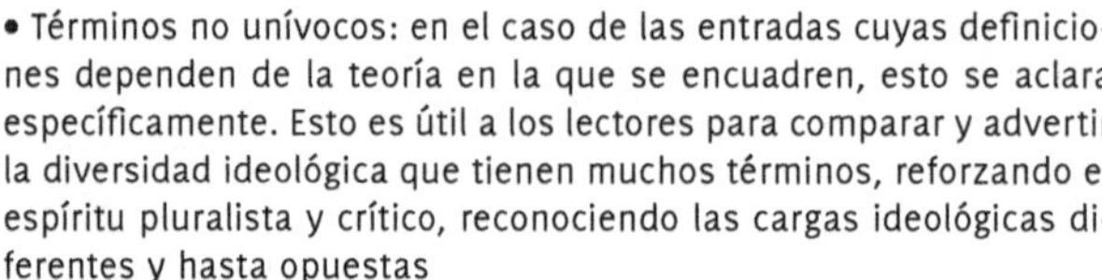

• Obras claves: libros fundamentales con su autor y fecha en el que fueron escritos. Este recurso resulta muy útil para comenzar a leer un libro ya que permite contextualizarlo (con la época y el lugar en que se hizo) y ver sus ideas principales

• Términos clave de un autor: se trata de términos pertenecientes o muy ligados a un autor en particular

• Inicial: en la definición se utiliza la inicial de la entrada en cuestión

• Ejemplos: cada vez que lo hemos considerado necesario se han introducido ejemplos aclaratorios

• Letras Ch y Ll: de acuerdo con las recomendaciones de la Asociación de Academias de la Lengua Española para los diccionarios, las letras ch y ll no figuran en forma independiente sino que aparecen en el orden correspondiente dentro de la c y la l respectivamente

• Términos de otras lenguas: las palabras pertenecientes a lenguas distintas del español son presentadas en letra cursiva

• Bibliografía: al final del Diccionario, el lector hallará una bibliografía cuidadosamente seleccionada que constituye una verdadera biblioteca esencial de cada disciplina

A

Acción (Max Weber): En **Sociología comprensiva**, **conductas** humanas que tienen un **sentido** para el **sujeto** que las realiza y un **significado** para los receptores. Distinguimos cuatro tipos de A: 1- **afectiva:** Tipo de **A social** que se centra en lo emotivo, determinada por afectos y estados sentimentales. Ejemplos: un beso, un insulto, 2- **racional con arreglo a fines:** Tipo de **A social** determinada por expectativas en el comportamiento tanto de objetos del mundo exterior como de otros hombres, usando esas expectativas como "condiciones" o "medios" para el logro de fines propios racionalmente sopesados y perseguidos. La ARAF elabora conscientemente los propósitos de la A y la planificación de la misma. Ejemplo: si quiero ir de San Isidro a Congreso debo tomar el 60, 3- **racional con arreglo a valores:** Tipo de **A social** determinada por la creencia en un **valor** estético, ético, religioso o de cualquier otra índole, sin relación alguna con el resultado posible de la A. La ARAV presupone una planificación racional de fines, medios y consecuencias implicadas en la A, pero supeditadas a determinado valor. El actor privilegia sus convicciones, a las que considera un "mandato". Ejemplo: peregrinar a Luján, 4- **tradicional:** Tipo de **A social** determinada por una **costumbre** arraigada. La AT no es racional casi nunca, pues no tiene un **sentido** dado por el **actor**. Se trata de la mayoría de las acciones de la **vida cotidiana**. Ejemplo: vestir a las bebas con ropa de color rosa. Otras acepciones: 1- **colectiva:** Tendencia a la realización de acciones de organización y protesta. La AC refuerza lazos de solidaridad e identificación grupales, en el marco de un conflicto específico entre **grupos** adversarios. Incluye acciones que aumenten la **cohesión** de un grupo, 2- **directa:** Forma de protesta que enfrenta al **poder** institucional, apelando a diversos modos de uso de la fuerza. Práctica clave del **sindicalismo revolucionario** de comienzos del siglo XX, también fue muy utilizada por los **anarquistas** y los **marxistas**. Ejemplos: **huelga general**, cortes de ruta, **piquetes**, tomas de **fábricas**. La AD implica acciones que consiguen resultados inmediatos o a corto plazo, modificando una situación establecida, 3- **social (Max Weber):** En **Sociología comprensiva**, **conducta** humana que tiene un **sentido** para el **sujeto** que la realiza, sentido que está referido a la conducta de otros. Se diferencia así de la simple acción realizada en soledad o no orientada hacia otros. No todo contacto entre los hombres tiene carácter social, sino sólo cuando se trata de una acción con sentido propio orientada a la acción de otros, es decir, cuando el actor da un **significado** a su acción, y espera que otro lo capte. Así, no es AS un choque de dos ciclistas, sino un hecho. Si éstos comenzaran a discutir, entonces sí habría AS. **Weber** dice que la AS no es ni una acción homogénea de muchos -si todos abren el paraguas, no es por la acción de los otros, sino para cubrirse de la lluvia- ni la acción de alguien influido por el comportamiento de otros

-acción condicionada por la **masa** sin relación significativa-. Weber reconoce cuatro **tipos de AS: acción racional con arreglo a fines, acción racional con arreglo a valores, acción tradicional** y **acción afectiva.** Para el **funcionalismo,** la AS es sinónimo de la actuación del **individuo** en la **sociedad.** Según **Parsons,** la AS estará orientada por cinco ejes: afectividad-**neutralidad** afectiva, especificidad-difusividad, universalismo-particularismo, cualidad-desempeño y egoísmo-altruismo.

Actores sociales: Individuos o **grupos** generadores de la **acción social** con un sentido subjetivamente mentado (consciente o no) y determinados fines, expectativas, motivos y **valores.** En el caso de los grupos, los AS están constituidos por diversas **variables** extraestratificacionales que comparten variables de **estratificación,** tales como **educación, ideología, religión, ingreso, raza,** etc. En general, esta categoría es utilizada por autores no **marxistas,** mientras que éstos prefieren mantener la clásica categoría de "clases sociales", ligada a las **relaciones de producción.**

Adquisición (funcionalismo): Capacidades y cualidades que un **individuo** consigue en la **sociedad** como resultado de sus logros, méritos y realizaciones. Se opone, en este sentido, al *status* social obtenido desde el nacimiento en forma **objetiva** (ver **adscripción**).

Adscripción (funcionalismo): Modo en que en una **estructura social** se adjudican ciertas posiciones iniciales (*status*) a los **individuos.** La A resulta de características **objetivas,** dadas por nacimiento, tales como el sexo o el parentesco. Estas posiciones iniciales pueden o no variar a lo largo de la vida de un **sujeto,** de acuerdo con sus logros o méritos (ver **adquisición**).

Agencia de socialización: Institución que actúa en el proceso de **socialización** de los **individuos.** Son AS: la **familia** –la primera y fundamental-, la escuela, los **medios de comunicación,** el entorno laboral y todas aquellas instituciones que participan en el desarrollo de **funciones** y **roles** en la vida de una persona.

Agentes: Grupos compuestos por **individuos** que tienen un interés común. Ahora bien, un A puede tener intereses en común con otros (por ejemplo, un fletero con otros fleteros), pero sólo si éstos se constituyen como **actor** podrán ordenar y definir sus intereses (formando una cámara de fleteros). Otro ejemplo: los **sindicatos** y la **CGT.**

Amo: Esclavista, propietario de **esclavos.**

Análisis estadístico: Cuantificación de **datos** previamente recolectados a partir de la formulación de una **hipótesis** de trabajo. Un ejemplo de AE es la **encuesta.**

Análisis funcional (funcionalismo): Método de estudio de los **sistemas** sociales o naturales que analiza la **función** (o **disfunción**) que cada parte de aquellos cumple en la satisfacción de las necesidades del conjunto.

Análisis multivariado: Estudio de los efectos que se producen en un conjunto de **variables** interrelacionadas, por medio de la utilización de **datos** estadísticos referentes a ellas y técnicas tales como la **correlación múltiple**, el análisis factorial o la regresión.

Anomia (Émile Durkheim): Ausencia o debilidad de adhesión a las **normas** (inadecuadas, contradictorias, ilegítimas) que provoca comportamientos individuales desviados, contrarios al orden social, especialmente en el contexto de una creciente **división del trabajo** propia de la **solidaridad orgánica** (aunque la A también puede producirse en **sociedades** simples). La formación de determinados cuerpos intermedios (en particular las **corporaciones**) entre los **individuos** y el **Estado** es para Durkheim la forma de combatir estas patologías. El término fue propuesto por Durkheim en *La división del trabajo social* (1893) y aparece también en *El suicidio* (1897). Posteriormente fue reformulado por **Merton** en *Teoría y estructura social* (1957), entendiéndola como la incoherencia entre los fines que la **sociedad** plantea (por ejemplo, en **EE.UU.** el éxito a través del **dinero**) y los medios ofrecidos (difícil acceso al dinero).

Aristocracia: Según la clasificación de **Aristóteles**, **gobierno** de unos pocos, **Estado** regido por los mejores, por la gente virtuosa, que gobierna para el **bien común**. Es una de las tres formas puras de gobierno, junto con la **monar-**quía y la **república**. Su característica es la **virtud**. La combinación de virtud, libertad y riqueza, forma la A. Ejemplos: las **ciudades-estado** griegas de los siglos VII y VI a.C. y la **Roma** republicana. Su forma impura o deformada es la **oligarquía**. Sociológicamente hablando, a diferencia de la **nobleza**, la A no tiene privilegios establecidos jurídicamente. Mientras que la continuidad hereditaria es propia de la aquella, la cualidad de pertenecer a los "mejores" –característica de la A- no puede ser transmitida hereditariamente (aunque hay quienes hablan de una A por **adscripción**). Y a diferencia de la A, la **oligarquía** es el gobierno de unos pocos, los más poderosos, sin la condición de que sean los mejores.

Asociación: Según la **Sociología comprensiva**, hay A cuando lo que motiva una **acción social** son los intereses racionales (de fines o de **valores**) del **individuo**. Los agrupamientos más diversos formados por los hombres son ejemplos de A. El **Estado** es la A política por excelencia. Algunos casos de A según Max Weber: 1- **estamentalmente estructurada:** Tipo de **asociación política** en la que los medios de administración son **propiedad** del **cuadro administrativo** dependiente. Por ejemplo, la asociación **feudal**, donde el **poder** del **señor** se basaba sólo en el vínculo de lealtad personal, 2- **no estamentalmente estructurada:** Tipo de **asociación política** donde el señor –que es quien manda- se apoya en domésticos o **plebeyos**, en **grupos** sociales desposeídos de **bienes** y de un honor social propio, enteramente ligados a él en lo material y sin base para crear un **poder** propio. Ejemplo: **dominación patriarcal** y **patrimonial**, sultanismo y **Estado** burocrático, 3- **política: Asociación** de **dominación** en que la existencia y validez de sus regulaciones (**normas**) están aseguradas en un área geográfica dada, de manera continua, por la amenaza y el ejercicio de la fuerza física por parte de un **cuadro administrativo. A (Ferdinand Tönnies):** Agrupamiento voluntario, racional y artificial entre **individuos** para obtener objetivos comunes. Opuesto: **comunidad.**

Asociaciones de interés: Grupos de interés no oficiales (por ejemplo, **empresarios, sindicatos, Iglesia**, etc) y todo tipo de **instituciones** no gubernamentales (sociedades civiles, cámaras, ligas, movimientos, uniones, **cooperativas**, etc). Se diferencian, en este sentido, de los **partidos políticos**, que actúan en el marco institucional. Las AI son grupos sociales que se organizan y actúan con fines económicos o de otra índole, buscando influir en las decisiones del **poder** político. Están fuera del **gobierno** y los partidos. Por ello, no son AI las **FF.AA.** y la **burocracia.** Las opiniones se dividen en cuanto a si las AI se identifican con los **grupos de presión**: M. Duverger dice que sí, influido por la práctica de **EE.UU.**, mientras que K. von Beyme, desde la experiencia del **neocorporativismo** alemán, los define en forma separada, prefiriendo hablar de **grupos de interés** o AI, por un lado, y grupos de presión, por el otro.

Asociaciones intermedias: Organizaciones de la **sociedad** que median entre los **individuos** y el **Estado**. La **teoría pluralista** las considera base de las libertades y la **democracia.**

Asociaciones profesionales: Ver **corporaciones.**

Atimia: Pérdida de *status* de un **individuo, grupo** social o país.

B

Bourdieu, Pierre (1930-2002): Sociólogo francés, combinó el análisis económico proveniente del **marxismo** con las cuestiones culturales y simbólicas; su idea es que lo social está determinado por múltiples causas, de modo que -aunque toma del marxismo la idea de la **lucha de clases**- dice que el **poder** económico, para reproducirse, necesita del poder cultural y simbólico. Analizando los mecanismos de la desigualdad social, desarrolló los conceptos de *habitus*, **capital** y **campo**, que constituyen sus aportes más originales a las **Ciencias Sociales.**

Burguesía (siglo XI →): De acuerdo con **Marx**, la B es, en el **modo de producción capitalista**, la **clase social** propietaria de los **medios de producción** (**fábricas**, máquinas, edificios, **tierras, materias primas** y todo bien destinado a producir otros **bienes**), que explota el **trabajo asalariado.** Las posiciones divergen en cuanto a si es correcto incluir en la B a aquellos propietarios que por lo limitado de su **propiedad** se definen fundamentalmente por su propio trabajo (por ejemplo, un almacenero). En principio, el hecho de contratar mano de obra asalariada convierte al contratista en burgués, pero el tamaño de éste define su importancia social (piénsese en la abismal distancia entre nuestro almacenero y *Wal Mart*, por ejemplo). También algunos autores incluyen en la B a los **asalariados** que ejercen la dirección de la producción en defensa del **capital** (gerentes, directores, etc) y a los que ejercen el **poder** político garantizando la **acumulación de capital** (políticos, funcionarios, gobernantes, militares, jueces, etc), pero esto no parece sociológicamente atinado. Históricamente, la B surgió hacia finales de la **Alta Edad Media**, en el marco del renacimiento urbano (que se prolonga hasta el siglo XIV). El burgués era el habitante de los **burgos** o ciudades **medievales** que luchaba por el **libre comercio**. Podía ser un **mercader**, un funcionario, un **artesano** o un hombre de letras. Tenía una serie de privilegios que lo diferenciaba tanto de la **masa campesina** como de la **nobleza**. Por ejemplo, en el siglo XVIII, la B francesa (que no era la más rica) poseía el 20 % de las **tierras**. Según Bergier, hubo distintos grupos que formaban la B: los rentistas o dueños de tierras, los profesionales liberales de la magistratura o de la administración, la *bourgoisie d'affaires* o B financiera, y los artesanos y tenderos. Pero lo que predominaba era la **B comercial**, formada por los denominados mercaderes. La B –de la mano del **desarrollo** de las **manufacturas**, la **Reforma Protestante** y las revoluciones científicas– fue minando las bases del **feudalismo** y la nobleza, hasta encabezar las llamadas **revoluciones burguesas** que la llevaron al **poder** político: la **Revolución Gloriosa en Inglaterra** (1688), la **Independencia de EE.UU.** (1776) y la **Revolución Francesa** (1789), procesos que consolidaron en el terreno económico y social la **Revolución Industrial** que estableció las bases definitivas del **capitalismo**.

Burocracia: Conjunto de funcionarios especializados en las tareas administrativas de una organización. Por lo general, dependen de las decisiones de estrategia tomadas por otros. En sentido vulgar, se habla de B en referencia a la excesiva lentitud en el funcionamiento de la administración pública. Según Max **Weber**, la B se define por oposición a las **sociedades tradicionales**, como algo característico de la **sociedad** y el **Estado modernos** (en especial, a partir de la **Revolución Francesa** y la separación de **poderes**), su "**jaula de hierro**". Se trata de una autoridad legal, encargada de la aplicación correcta de los procedimientos, de carácter impersonal, y con la obligación de acatar las reglas aún cuando no se esté de acuerdo con ellas. Sus principales características son: **empleo**, sueldo, ascenso, preparación profesional, **división del trabajo**, competencias fijas, formalismo documental, subordinación y superioridad jerárquica. Esto se da no sólo en el **Estado**, sino también en el **Ejército**, la **Iglesia** y las **empresas** privadas. Para **Marx**, la **teoría** de la B es un **fenómeno** secundario: lo central es que el Estado es un instrumento de **dominación** de **clase**, siendo la B estatal un grupo parasitario (al igual que el Ejército y la policía) que defiende las condiciones generales de la **acumulación de capital.** Tras la experiencia de la **U.R.S.S.**, algunos autores (Milovan Djilas, Claude Lefort) plantearon la existencia de una B como nueva **clase política,** cuya fuente de enriquecimiento no se basaba en la extracción de **plusvalor** –como en el caso de la **burguesía**– sino en el control del **aparato estatal.** Desde el **marxismo, Trotsky** no acordó con la caracterización de la B soviética de la era de **Stalin** como una **clase,** definiéndola como una **casta** parasitaria del **Estado obrero** degenerado. **B sindical:** *Élite* de dirigentes sindicales con privilegios económicos –tales como administrar arbitrariamente los fondos aportados por los **trabajadores** afiliados, las obras sociales, etc- y vínculos con los **empresarios** y el **Estado,** cuyo fin subjetivo es perpetuarse en el **poder.** Objetivamente, cumplen la función de frenar o desviar los reclamos de sus bases, y actúan como correa de transmisión de los intereses patronales y del Estado dentro del **sindicato.** Para mantenerse indefinidamente, la BS apela a recursos como exigir requisitos inalcanzables para presentar listas opositoras, el uso de matones que "aprietan" a los militantes opositores (en la **Argentina** se le ha llamado la "patota sindical"), **fraude** electoral, etc. En nuestro país, las tendencias a la burocratización de los sindicatos aparecieron en los años '20 y '30, época del predominio de las corrientes **"sindicalistas"** y **socialistas,** pero se desarrollaron ampliamente con la llegada del **peronismo,** que burocratizó fuertemente a los sindicatos, ligándolos al Estado. I. Deutscher considera como el origen de la B a la separación del sindicalista de su **trabajo** (el dirigente sindical deja de ejercer su trabajo habitual durante su mandato).

C

Campesinado: Clase de los **trabajadores** rurales independientes, propietarios de una pequeña parcela de **tierra** o **minifundio,** cuya **producción** se caracteriza por un bajo nivel tecnológico y productivo, siendo realizada centralmente por **fuerza de trabajo** familiar –el único recurso abundante– y satisfaciendo primordialmente sus propias necesidades, aunque se orienta también hacia la venta de sus **excedentes** en el **mercado.** En algunas actividades estacionales (**cosechas, esquilas**), el C debe recurrir temporariamente a la contratación de **trabajo asalariado.** Podemos diferenciar –entonces– al **campesino** tanto del pequeño productor perteneciente al C mediano –cuya producción se orienta más hacia el mercado que hacia la reproducción del núcleo familiar– como del **peón** rural –**trabajador** del campo que, al no disponer de tierras, vende su fuerza de trabajo a cambio de un **salario**–. El C surgió en el **Próximo Oriente** con la aparición de la **agricultura.** En el **feudalismo,** el campesino o **siervo** era dependiente de la **nobleza,** a la que debía fidelidad y **tributos** a cambio de protección militar y la utilización de la **tierra** para su sustento. Con el desarrollo de técnicas productivas en el siglo XVI y la **Revolución Francesa** en el siglo XVIII, las condiciones de vida del C mejoraron. Sin embargo, la **Revolución Industrial** arrasó con gran parte de ellos, al perder sus tierras y verse forzados a convertirse en **proletarios**. En Europa Oriental y Asia el mantenimiento de relaciones feudales de producción hasta el siglo XIX determinó el predominio del **latifundio** y la marginalidad y **pobreza** del C.

Campo: Espacio en el que el investigador observa **variables** o factores dados, en el marco del **método** no experimental. En este sentido, opuesto: laboratorio. **C (Pierre Bourdieu):** Espacio social donde hay en juego un **capital** determinado (cultural, económico, político, simbólico, etc) por el cual quienes en él participan luchan por apropiárselo. El C conecta la **estructura** con la **superestructura** y lo social con lo individual. En cada C hay una lucha interna de **poder**, una competencia por la **hegemonía** del C. La lucha entre las **clases** es el conjunto de las luchas en cada uno de los C. Alude también a la determinación de un "C de **investigación**" determinado metodológicamente para probar o refutar una **hipótesis**. En definitiva, el C es una estructura **objetiva** de una **sociedad**, cada uno de los espacios estructurados de posiciones ocupados por los **agentes** sociales en lucha, quienes protagonizan relaciones de **dominación** y subordinación. Esta estructura **objetiva** es producto de la **distribución** no equitativa de los **bienes** (capital), lo que da poder a sus poseedores sobre quienes no los tienen. Los C son el lugar de juego y de lucha donde se establecen **relaciones de fuerza**. Opuesto: *habitus*.

Capa: Ver *status*.

Capital: En general, se considera C todo lo que ha resultado del esfuerzo realizado por los hombres en el pasado: las **fábricas**, maquinarias, rutas, etc, y que constituyen el contexto económico en el que se desarrolla el **trabajo** humano. En las primeras sociedades, los C fueron hachas, arcos, etc. Pero con el tiempo, los medios para dominar la naturaleza se volvieron más potentes y eficaces, como producto de la inventiva humana (las **industrias**, medios de transporte, etc.). Esta evolución permitió que el trabajo humano, que utiliza estos medios, sea más eficiente. En el **capitalismo** en particular, la **teoría** económica **clásica** denomina C a uno de los tres **factores de la producción**, consistente en el patrimonio (en **tierras**, maquinarias, **dinero**, etc) que se tiene en **propiedad** y que se invierte para obtener una **ganancia**, **beneficio** o **renta**. Existe un **C usurario** y un **C mercantil**, los cuales obtienen **plusvalía** en el proceso de circulación actuando como intermediarios. Sin embargo, el pasaje de la **sociedad** precapitalista al capitalismo significa la entrada del C en la **producción** y no ya en la circulación. Para el **marxismo**, el C –en términos globales– es trabajo humano acumulado, pero bajo el capitalismo es **propiedad privada** de un **capitalista**, **valor** resultante de la extracción de plusvalía a la **fuerza de trabajo** y que es utilizada por su propietario como **medio de producción** con el fin de proseguir con el proceso de **acumulación**. El C es resultado también del atesoramiento de dinero para producir **mercancías**, con el fin de obtener más dinero o ganancia, es decir, un valor que se valoriza a sí mismo. **Marx** estableció la **fórmula general del C:** D-M-

D´, donde D representa al **C constante** y al **C variable** adelantados por el capitalista, M es la mercancía producida, y D´es el dinero más un plus de valor o plusvalía generado en el proceso de producción por la mercancía fuerza de trabajo. Desde el punto de vista de Marx, el C corresponde al período histórico de la producción capitalista. Estos elementos le permitieron a Marx ver al C, no como una "cosa" sino como una relación social de producción-apropiación, observando además que su reproducción puede ser simple o ampliada. Por otra parte, pudo distinguir entre la **composición técnica del C** (**C fijo** y **C circulante**) y la **composición orgánica del C** (**C constante** y **C variable**). Mientras que para el **liberalismo** y las demás teorías económicas **burguesas**, el C es una de las partes fundamentales de toda **economía**, para el marxismo se trata de una relación social basada en la apropiación ilegítima del trabajo ajeno, siendo el trabajo la única fuente legítima de acumulación. Marx distingue entre 1- **C constante: Valor** de los **medios de producción, C** anticipado que se invierte en la compra de ellos, el CC es uno de los componentes del valor –junto con el **C variable** y la **plusvalía**-. El CC está formado por las **materias primas, insumos**, maquinarias, edificios, etc, utilizadas para la **producción** de una **mercancía**. A diferencia del C variable, el CC no crea plusvalía, limitándose a mantener su valor. **Marx** sostiene que la tendencia fundamental del **capitalismo** lleva al aumento del CC en detrimento del C variable, es decir a un aumento de la **composición orgánica del C**, y 2- **C variable (Karl Marx):** Parte del C anticipado por un **capitalista**, que se invierte en la compra de la **mercancía fuerza de trabajo**, y cuyo **precio** es el **salario. Valor** de esa fuerza de trabajo, uno de los componentes del valor –junto con el **C constante** y la **plusvalía**-. Del CV surge la **producción** de plusvalía. Aunque no debe tomárselos como sinónimos, en **economía clásica** se habla de **C circulante. C (Pierre Bourdieu):** Conjunto de **bienes** acumulados que se producen, se distribuyen, se consumen, se invierten y se pierden. El C, al estar distribuido en forma no equitativa, determina la posición que cada **individuo** ocupa en cada **campo**: 1- **C cultural:** Conjunto de **bienes** culturales acumulados en una **sociedad** que pueden apropiarse aquellos que cuentan con los recursos necesarios. La posesión de mayor o menor CC divide a la **población** en **grupos** jerárquicos y debe ser considerada junto con el **C** económico para determinar la pertenencia de una persona a una **clase social**, porque es un factor que diferencia a la población y conforma grupos que tienen diferentes accesos a bienes y **servicios**. El CC es aquel que permite una posición privilegiada a quien lo posee. Por ejemplo, poseer un título universitario, el conocimiento de idiomas, de disciplinas científicas, de arte y literatura, etc. Una persona con CC alto estará en condiciones de situarse mejor en el **mercado de trabajo**, con un **ingreso** más alto y sabrá desempeñarse mejor (por ejemplo, para exigir atención médica; los museos y las bibliotecas son gratuitos, pero a ellos concurre más la gente que tiene el CC necesario para disfrutarlos). Son los aparatos culturales, es decir, **instituciones** como la **familia**, la escuela y los **medios de comunicación**, los que administran y transmiten el CC. De este modo, **Bourdieu** se diferencia del **marxismo**, que para definir la clase social sólo considera el C económico, 2- **C simbólico:** Variedad de recursos (lingüísticos, retóricos, culturales) a los que cada persona apela en el devenir de su existencia social y en sus diferentes situaciones de **comunicación**. Se relaciona íntimamente con su lugar en la **estructura social**. El término fue utilizado por **Bourdieu** en la crítica que efectuó al concepto de **competencia lingüística** (ver). Según Bourdieu, los discursos antes de ser entendidos deben ser escuchados. Por lo tanto, es de rigor analizar a qué hablantes se les confiere derecho a la **palabra**: quiénes pueden hablar y quiénes no en determinadas situaciones, en qué esquema de relaciones de **poder** entre los interlocutores se emiten los **enunciados**, etc. El **enunciador** de un **discurso**, por lo tanto, no sólo genera discursos correctos o incorrectos sino que antes, y sobre todo, debe lograr hacerse escuchar. Todo esto dependerá de su CS, 3- **C social:** El CS puede considerarse de acuerdo con los vínculos que tiene una persona, los que le otorgan determinado **prestigio**. A veces alguien puede ser pobre en términos económicos y no poseer un **C cultural**, y sin embargo esa persona puede tener "contactos" con otras personas importantes que estén en puestos claves y faciliten el acceso a determinados **bienes** y **servicios**. Por eso, **Bourdieu** considera que los vínculos que una persona tiene con su entorno son importantes también para considerar la **clase social** a la que pertenece.

Esta es una diferencia importante con el **marxismo**, que considera solamente el C económico a la hora de definir a las clases sociales.

Capitalismo: Modo de producción basado en la **propiedad privada** de los **medios de producción**, la libre contratación de **trabajo asalariado**, la extracción de **plusvalía**, la obtención de **beneficios** y la **acumulación de capital**. Mientras que para **Marx**, lo central del C es la **producción** de plusvalía –surgida de la **explotación** del trabajo asalariado por parte del capital y no en la esfera del intercambio como sucedía en la sociedad precapitalista–, para **Weber** el elemento más importante del C moderno no es su carácter **clasista** sino la **racionalización** de la empresa productiva. Weber describe la **"ética protestante"** como motor del C. W. Sombart ve al C como un conjunto de **valores** racionales orientados a la obtención de **ganancia** –el "espíritu capitalista"–. Para J. **Schumpeter** el C es un **sistema** racional de **mercado** basado en el **"empresario innovador"**. Históricamente, la formación del C está ligada a la llamada **acumulación originaria**, que implicó la separación del productor de sus medios de producción, el apropiamiento en forma de **monopolio** de esos medios en manos de la **burguesía** y la aparición de una **clase social** que sólo dispone de la venta de su **fuerza de trabajo** a esa burguesía para subsistir: el **proletariado**.

Capitalista: Ver **burguesía**.

Carisma: Cualidad de una persona

para atraer la adhesión incondicional de otros en base a consideraciones ligadas a su personalidad o liderazgo. **Weber** lo define como la cualidad extraordinaria de una personalidad, en cuya **virtud** se le considera en posesión de fuerzas sobre-humanas o divinas, que lo habilitan para ser jefe, **caudillo**, guía o **líder**. El C es el elemento fundamental de lo que Weber llamó **tipo de dominación carismática**, forma no cotidiana de **dominación**.

Castas: Sistema de **estratificación social** donde los **grupos** son cerrados y endogámicos, y están separados en forma estricta, siendo imposible cambiar de posición (cada **individuo** pertenece a una C desde su nacimiento, lo que está determinado por relaciones de **linaje** jerárquicas). La C se vincula a factores étnicos y religiosos, establecidos jurídicamente o a través de la **costumbre**, e implica una clara distinción económica, encarnando un modo de vida propio, siendo la principal fuente de referencia de los **individuos**. Las C modernas representan **asociaciones** -y no **comunidades** como las tradicionales-. Pierre Vilar establece la existencia de varios tipos de C: a) de tipo étnico o religioso, como la separación de los judíos en *ghettos*, o **España** entre los siglos XVII-XVII, donde se exigía la "limpieza de sangre" para ser **noble** o ejercer en una **corporación**. Se usa también para hablar de b) los **indígenas** en América Latina, c) ciertos oficios, como verdugos, carniceros, cirujanos, tintoreros, d) categorías físicas o sociales que dan miedo, como leprosos, cretinos o vagabundos y, e) **clases** convertidas en C, como los **campesinos** en Cataluña en el siglo X, cuando fueron obligados a permanecer como **siervos** por nobles y **eclesiásticos**.

Categoría social (funcionalismo): Conjunto de **individuos** que objetivamente comparten características adscriptas o adquiridas, pero que no llegan a conformar un **grupo**. (Ver **colectividad**).

Caudillo: Líder carismático de una **comunidad**, de origen civil o militar, que mantiene sobre sus seguidores una relación paternalista y personal. Existen C de orientación **conservadora** y otros que apelan al **movilizacionismo**, enfrentando al *statu quo*.

Censo: En general, medición o examen de todos los elementos de una **población** en particular. El C es un operativo que busca obtener una visión de toda la **estructura** económica –**empleo**, **valor** de la **producción**, monto de las **inversiones**, etc- de un país en un momento determinado. El C de población se realiza para confeccionar un padrón de **individuos** y **familias**, obteniendo **datos** tales como edad, **ingresos**, **educación**, **trabajo**, etc.

Clan: Grupo de **familias** con una ascendencia común o con un **parentesco** real o mítico que le da su nombre, apellido o *tótem* característico.

Clases sociales: Según el **marxismo**, la existencia de las CS está ligada a determinadas fases históricas del desarrollo de la **producción**. Así, se llama CS a cada uno de los grupos definidos por su posición en un **modo de producción**. En este sentido, pertenecen a una misma CS los **individuos** que tienen una similar relación con la **propiedad** –o no propiedad- de los **medios de producción**. En el **capitalismo**, si bien existen otras CS, los **obreros** no propietarios –el **proletariado**- y los capitalistas propietarios –la **burguesía**- son las clases fundamentales, lo que lleva a la **explotación** de los primeros por los segundos. El marxismo ve en la **lucha de clases** el motor de los cambios históricos (ver también **clase en sí** y **clase para sí**). Para **Weber**, la CS se define por el **ingreso** (clase alta, media o baja) o la situación económica de un **individuo** en el **mercado** (**situación de mercado**), es decir, por sus posesiones, **cultura**, hábitos de **consumo** y todo aquello que denote qué tipo de oportunidades tiene cada individuo. Así, en el capitalismo, Weber ve cuatro CS: **proletariado, pequeña burguesía,** *intelligentzia* y **trabajadores** no manuales (administrativos y gerentes), y propietarios. Sin embargo, además de lo estrictamente económico Weber da gran importancia a: 1- la gran diversidad de situaciones de clase, 2- la **educación** como factor que determina la **situación de clase** y 3- la **movilidad social**. En este sentido, a diferencia de Marx, Weber iguala en importancia a las CS con otras dos categorías sociales: el *status* (honor o **prestigio**) y el **poder** (político). Sin embargo, **Giddens** plantea que en Weber la CS se orienta en el campo de la **producción** (¿cuánto consume?) y es el **grupo de** *status* el que lo hace en el campo del consumo (¿qué y cómo consume?). Así, las CS son agregados de **individuos** que comparten la misma situación de mercado. También a diferencia de Marx, Weber consigna sin priorizar múltiples CS: trabajadores manuales (no propietarios), trabajadores manuales calificados, **pequeña burguesía** (pequeños propietarios), trabajadores no manuales, no propietarios de **cuello blanco** (técnicos, empleados públicos, empleados de comercio, etc, con niveles educativos altos), privilegiados gracias a la propiedad y la educación, etc. De todas formas, Weber admite que la situación de clase tiende a unificar a las personas en dos clases. A diferencia de los **estamentos** o las **castas**, las CS son grupos de hecho (no existen por tener un reconocimiento legal o por la costumbre), son relativamente abiertos (es decir que no está prohibida formalmente la entrada o salida de cada clase), son menos endógamas y se sustentan principalmente en una base económica. Las CS consideradas en sentido moderno, surgieron en las **sociedades** industriales que se desarrollaron desde el siglo XVII. El **funcionalismo** diluye el concepto de CS privilegiando el de **"estratos sociales"** y priorizando el **equilibrio social** al **conflicto**. Acepciones del concepto de CS en Marx: 1- **C en sí**: Aspecto **objetivo** que identifica a las **CS**. Un **individuo** puede pertenecer objetivamente a una clase, pero no darse cuenta de ello: puede considerarse **obrero** -porque lo es- pero puede no sentirse solidario con los demás **trabajadores** que están en una situación igual o parecida a la suya. A los **individuos** de una CES les falta tomar conciencia y sentirse vinculados a un **grupo** que tiene sus mismos problemas e intereses de clase. Es por ello que no desarrollarán una auténtica **lucha de clases** (aunque sí tendrán **contradicciones de clase**). En el momento en que aparece la **conciencia de clase**, se puede hablar de **clase para sí**, que es el elemento **subjetivo**. **Marx** planteó que el conjunto de **individuos** con una posición similar frente a los **medios de producción** sólo se convierten en clase cuando toman conciencia de ello y actúan como tal, como clase, 2- **C para sí:** Aspecto **subjetivo** que identifica a las **CS**. Conciencia de su situación por parte de los **individuos** que pertenecen objetivamente a una **CS** y que los lleva –en consecuencia- a actuar en conjunto. Esta conciencia se adquiere a través de la lucha con otra clase; de este modo, una **clase en sí** se unifica, adquiere organización **política** y se vuelve consciente de sus intereses comunes, pasando a ser una CPS, 3- **C en transición:** **CS** en formación dentro de un **modo de producción** en decadencia. Es el caso de la **burguesía** y el **proletariado** en la **sociedad** feudal. En un sentido opuesto, también es una CET la CS en proceso de desaparición, como es el caso de la **nobleza** o la **servidumbre** en la **transición del feudalismo al capitalismo**. En Weber: 1- **C adquisitiva:** **Clase** ligada al surgimiento del **capitalismo** moderno, 2- **C comercial:** **Clase** de los **empresarios** y banqueros, 3- **C lucrativa:** **CS** cuyo eje pasa por la valorización de **bienes** y **servicios** en el **mercado** y por la obtención de **ganancias**. En este sentido, se diferencia de las **clases propietarias**, propias de economías donde predomina el **consumo**. Las CL "positivamente privilegiadas" son las clases **empresarias** (comerciantes, industriales, **terratenientes**, banqueros, profesionales, etc). Las CL "ne-

gativamente privilegiadas" son las clases trabajadoras (**trabajadores** calificados, semicalificados, no calificados o braceros). Las **clases medias** -desde el punto de vista lucrativo o adquisitivo- serían los **campesinos, artesanos**, funcionarios, profesionales, etc), 4- **C negativamente privilegiada:** Toda **clase** que carece de **propiedad**, 5- **C positivamente privilegiada:** Toda **clase** que tiene **propiedad**, 6- **C propietaria:** **Clase** que se determina primariamente por su **propiedad** y que vive de las **rentas** de ésta. Las CP "positivamente privilegiadas" son las **clases rentistas** (rentistas de **esclavos, tierras**, minas, instalaciones, valores, acreedores de todo tipo). Las CP "negativamente privilegiadas" no poseen propiedad y -por lo tanto- no tienen patrimonio ni **rentas** o **ingresos** que puedan derivar de su propiedad (por ejemplo, esclavos, desposeídos, deudores, pobres). En Saint-Simon: 1- **C industrial:** **Clase** impulsora de la **industrialización** y el **capitalismo**. La **burguesía** y el **proletariado** son ejemplos de CI, 2- **C no productiva:** **Clase** defensora del **feudalismo** y opuesta al **capitalismo**. Ejemplo de CNP es la **nobleza**. Otras acepciones: 1- **C dominante:** **CS** que ejerce la **dominación** –basada en la **coerción** física- en la **sociedad**, pero que ha perdido el **consenso** del resto de las clases. Es la clase que ejerce el control sobre la **economía**, las **finanzas**, la **cultura** y los **medios de comunicación**, 2- **C media:** Para los **funcionalistas**, la CM se define por aquel sector social que ocupa el **estrato** medio de **ingresos**. En la visión de **Weber**, las **situaciones de clase** que no se determinan de modo primario por la **propiedad**, forman las

CM. Esta clase posee alguna forma de propiedad, pero no es ésta la determinante de su **situación de clase**, la cual está vinculada a servicios, actividades lucrativas o educativas (**empresarios, artesanos, campesinos**, empleados y **trabajadores**). Para el **marxismo**, la CM es la **pequeña burguesía**, que agrupa a aquellos que no forman parte ni del **proletariado** ni de la **burguesía**, pudiendo ir desde ciertos sectores **asalariados** hasta pequeños y medianos propietarios con algunos empleados, lo que muestra la heterogeneidad de esta **CS**. Ejemplos de CM: docentes, médicos, intelectuales, comerciantes, pequeños y medianos productores rurales, 3- **C obrera:** En un sentido restringido, la CO agrupa a los **trabajadores manuales** de la **industria**. En un sentido más amplio, pertenecen a la CO todos los que viven de la venta de su **fuerza de trabajo** a un **capitalista** a cambio de un **salario**. Aunque el término es ambiguo y puede aplicarse a diversas formas laborales, al menos a partir del siglo XVIII (**campesinos** expropiados de sus tierras y **artesanos** en quiebra fueron la base social que constituyó a la CO) Edward Thompson sostiene que la CO -como conjunto organizado, con una mínima **conciencia** de sus intereses y un mínimo de organización- surgió en **Inglaterra**, entre 1790 y 1830. El **marxismo** considera que la CO es la **CS** explotada que debe encabezar la **revolución socialista**, 4- **C rentista: c propietaria**, 5- **C subalterna (Antonio Gramsci):** Toda **CS** popular, explotada y oprimida, siendo el **proletariado** la CS fundamental, 6- **C trabajadora: c obrera**, 7- **C un cuarto:** Expresión surgida en la década de 1990 que refiere al empobrecimiento y achicamiento a la mitad de su tamaño de la **clase media**.

Clivaje: Sectores específicos de una **sociedad** que no están directamente vinculados con la división en **clases sociales**. Son ejemplos de C las **razas**, las religiones, las **etnias** o las **lenguas**.

Coeficiente: Índice que mide los tipos de relación que existen entre **variables** dividiendo una por otra. Su utilización está determinada por la naturaleza de los **datos** y la forma en que se presentan.

Coerción moral (Émile Durkheim): Conjunto de obligaciones morales que conforman un **sistema** dentro del cual el **individuo** está inmerso, que son independientes a él y que lo condicionan y modelan.

Colectividad (funcionalismo): Conjunto de **individuos** agrupados de acuerdo con su **adscripción** (por ejemplo, religiosa o étnica) o **adquisición** a una determinada **categoría social** (por ejemplo, una cierta **función** o un cierto tipo de **trabajo**).

Competencia social (funcionalismo): Disputa entre los **individuos** a fin de satisfacer sus necesidades a costa de los demás, en el marco de una **sociedad** con recursos escasos. **Malinowski** explica este concepto de CS en relación con el papel que juegan las luchas sociales en el **sistema** integral de la **cultura. Parsons (estructuralismo funcionalista)** dice que las **funciones** o lazos entre las distintas categorías tienden al desarrollo y armonía de la sociedad.

Comprensión (comprensivismo): Para W. **Dilthey**, la C o *verstehen* es propia de las **ciencias del espíritu** –en contraposición a las **Ciencias Naturales** o ciencias de la **explicación**- y la define como una capacidad psicológica o empática. Pero para autores como Ritzer, es incorrecta la crítica a la *verstehen* como simple "intuición" o **empatía** del investigador. En este sentido, **Weber** reivindicaba a esta técnica como un procedimiento de estudio racional, sistemático y riguroso. J. **Habermas** plantea que la *verstehen* permite captar la intencionalidad de las **acciones** humanas. Los teóricos empírico-analíticos y **positivistas** rechazan la C o le dan una importancia menor. Opuesto: **explicación**.

Comprensivismo: **Método** científico cuyo planteo -opuesto al **positivismo** y al **monismo metodológico**- reivindica el carácter específico de las **Ciencias Sociales** y la necesidad de distinguir a éstas de las **Ciencias Naturales**, en razón de su finalidad central: comprender el **significado** de las **acciones** humanas (*verstehen*). Pertenecen al C los estudios que tratan de comprender la **acción social** del **hombre** a través de la interpretación y análisis de su **subjetividad**. Originado en el **idealismo** alemán del siglo XIX, el C se caracteriza por el uso de la **hermenéutica**. Dado que la realidad social y la natural son distintas, los comprensivistas plantean la necesidad de utilizar métodos de estudio diferentes. **Empatía**, intencionalidad, motivos, forman parte del **lenguaje** de esta corriente, expresada entre otros por W. **Dilthey**, P. Winch y M. **Weber**.

Comte, Augusto (1798-1857): Filósofo y sociólogo francés, considerado el fundador de la **Sociología** y uno de los pensadores más importantes del **positivismo**. Buscó crear una **filosofía** "positiva" frente al negativismo heredado de la **Ilustración** (es decir, de la visión crítica de la realidad, presente sobre todo en **Rousseau**) y la **Revolución Francesa**, que, según C, había cuestionado el **paradigma absolutista** sin plantear nada a cambio. Para C, la **predicción** científica debía servir para controlar a los **estamentos** de la **sociedad**, para mantener el *statu quo* imperante. Propuso estudiar la **sociedad** con el mismo método con que se estudia a la física (**observación, experimentación** y comprobación), formulando el concepto de **"física social"**. Su objetivo era proceder a la reforma de la sociedad. Creyó necesario contar con **hipótesis** que expliquen los hechos, buscando las **leyes** del desarrollo social. Y estableció las tres etapas históricas de la Humanidad: **etapa teológica, etapa metafísica** y **etapa positiva**. C era ideológicamente **conservador** y consideraba que la sociedad es armónica y carece de conflictos. Entre sus obras principales encontramos a: *Curso de Filosofía positiva* (1830-1842).

Comunidad: **Grupo** con intereses en común y en pequeña escala. F. **Tönnies** la define como una forma primaria de amistad natural que precede a la **sociedad**. La C es una forma típica de los pequeños poblados **campesinos**, basada en la **propiedad** comunitaria de los recursos. Se basa en vínculos familiares de sangre, instinto, **costumbre** y **rito**; además la memoria colectiva funda una solidaridad profunda. La sociedad, en cambio, surge de una voluntad racional arbitraria basada en objetivos concretos e intereses parciales. En **Sociología comprensiva** (particularmente en **Weber**), la C es una **relación social** donde la **acción social** de los **individuos** se inspira en el sentimiento **subjetivo** (afectivo o tradicional) de integrar un todo. La **Nación** es el ejemplo más fuerte de C política, ya que se basa en lo emotivo y permanente: un destino político en común, el afianzamiento de lazos apoyados en el pasado, pesando más incluso que el hecho de compartir una **cultura**, una **lengua** o un origen. El pasado común caracteriza la conciencia de la **nacionalidad**. Opuesto: sociedad y **asociación**.

Comunismo (Karl Marx, 1848 →): Con antecedentes en Antístenes y Diógenes, en G. Babeuf y en el **socialismo utópico**, el C es la **doctrina** del **marxismo** y la **sociedad** a la que éste aspira, basada en la inexistencia de la **propiedad privada** de los **medios de producción** y –en consecuencia– de las **clases sociales** y del **Estado**. Según el *Manifiesto Comunista*, el C busca abolir la propiedad privada que sirve para explotar el **trabajo** ajeno (la propiedad **burguesa**) y no la propiedad bien adquirida, fruto del trabajo y el esfuerzo personal. El medio para alcanzar tales fines es la toma del **poder** por parte de la **clase obrera**, la instauración de la **dictadura del proletariado** y la paulatina disolución del Estado como instrumento de dominación de clase. El término C también es utilizado por **Marx** para definir a la segunda y última fase de la transformación revolucionaria, que sucede al **socialismo**. El C se caracteriza, en este sentido, por la desaparición de la **división del trabajo** entre **trabajo manual** y **trabajo intelectual**, el crecimiento continuo de las **fuerzas productivas**, la desaparición de las clases sociales, el **derecho** y el Estado, y un criterio de distribución basado en el principio "**De cada cual según su capacidad, a cada cual según su necesidad**", superador del criterio distributivo de la fase socialista, centrada en el principio "**De cada cual según su capacidad, a cada cual según su trabajo.**" Estos conceptos son propuestos por Marx a modo indicativo, pero en ningún momento plantea plazos para el cumplimiento de esos objetivos, lo que dependerá del desarrollo histórico de la sociedad. También 1- **C:** Denominación adoptada por el **Partido Comunista** de la **U.R.S.S.** –y de todos los PC del mundo– heredada de la forma en que se hacían llamar los **bolcheviques**. Desde el punto de vista estrictamente **marxista**, el término C se reserva para la **sociedad** sin **propiedad privada** de los **medios de producción**, sin **clases** y sin **Estado**. Por lo tanto, en el caso del **régimen soviético** postleninista –y otros similares– se utiliza el término **stalinismo**. Debido a que éste –el stalinismo– se basa en la **estatización** de toda la **economía**, se produce la confusión de identificar al C marxista con la defensa del Estado (cuando es lo opuesto), 2- **C primitivo (Karl Marx):** También llamada "**sociedad tribal**", el CP se caracteriza por una muy baja **división del trabajo**, escaso desarrollo tecnológico y la **propiedad** común de **tierras** y herramientas de **trabajo**. Se trata de una **sociedad** con un nivel de subsistencia donde no existe la **propiedad privada** -y por ende el **excedente**-, lo que impide la formación de una **clase** propietaria explotadora y, en general, la existencia de **clases sociales**. Esto, por consiguiente, bloquea las posibilidades de constitución de un **Estado**, dada la igualdad social existente. Las sociedades del CP –que abarcarían el período que va desde la aparición de la **sociedad** humana hasta el 4.000 a.C., algo así como doscientos mil años– eran **cazadoras-recolectoras**, aunque también debemos incluir a las iniciales sociedades excedentarias agrícolo-pastoriles. El avance tecnológico fue prefigurando el surgimiento de excedentes, y con ello, la aparición de la propiedad privada, las clases sociales y el Estado.

Conciencia colectiva (Émile Durkheim): Realidad diferente y superior a los **individuos** considerados aisladamente formada –según **Durkheim**- por "el conjunto de creencias y de sentimientos comunes al término medio de los miembros de una **sociedad**." La sociedad es un ser psíquico superior, como una conciencia de conciencias. De la CC emana la autoridad **moral** que la sociedad ejerce sobre los individuos y opera de un modo más fuerte en la **sociedad tradicional (solidaridad mecánica)** que en la **sociedad moderna (solidaridad orgánica)**. La CC no es un reflejo de la suma de los individuos, sino una síntesis sui generis de las conciencias particulares, una unidad psíquica autónoma que piensa, siente y obra diferente que los individuos. La vida social está en el todo y no en las partes. Los **fenómenos** sociales no dependen de los miembros aislados sino de su forma de asociación específica en un conjunto.

Conciencia de clase (marxismo): Comprensión, por parte de una **clase social**, del lugar que ocupa en la **producción** y del papel que tiene que jugar en los acontecimientos políticos e históricos. Existe CC cuando los **individuos** se definen a sí mismos como miembros de una clase social y actúan en los hechos como parte de ella, defendiendo sus intereses. La CC significa que los **individuos** están formando parte de una **clase para sí**, de una clase con conciencia **política**. El término refiere especialmente a la **clase obrera** y –por defecto- al **campesinado** y otras clases. En este sentido, **Marx** considera que una clase obrera determinada tendrá mayor o menor grado de CC según se aproxime más o menos a la formación de un **partido obrero** propio que luche por la toma del **poder**, el derrocamiento del **capitalismo** y la instauración de la **dictadura del proletariado** (tendrá en ese caso una conciencia **socialista**). **Lenin** describió situaciones intermedias entre la plena conciencia y su ausencia (la **clase en sí**), tales como la conciencia sindical o la conciencia reformista.

Conciliación de clases: Tendencia a armonizar los intereses de las **clases sociales**. Opuesto: **lucha de clases**.

Conducta desviada (funcionalismo): El término se aplica a todo comportamiento que se aparta del marco prescripto por las **normas** y **valores** vigentes en una **sociedad**. (Ver también **disfunción** y **anomia**).

Conflicto social: El término se puede definir de dos maneras: a) desde una visión más general, el CS refiere a todo enfrentamiento, discordia o lucha entre los **individuos** y **grupos** de una **sociedad**, tanto en el plano económico como en el ideológico, religioso, político, etc, mientras que, b) desde el **marxismo**, el CS se identifica con la **lucha de clases**, donde las demás formas de conflicto se explican –de un modo u otro- en función de las **relaciones de producción** dominantes en un momento determinado. Para el marxismo el conflicto es un producto necesario y se encuentra en la naturaleza de la sociedad. Para el **funcionalismo** es transitorio y se resuelve mediante el **consenso** que garantiza la estabilidad.

Conformidad (Robert Merton): Categoría propuesta por este sociólogo **funcionalista** que se entiende como el máximo de aceptación de medios y metas positivas en una **sociedad**.

Conservador: Partidario de mantener el orden económico, social y político vigente. En general, se asocia a los **conservadores** con la defensa de los **valores** tradicionales dominantes en una **sociedad** dada.

Contracultura: Cultura subordinada que en una **sociedad** dada se opone a la cultura dominante. Ver también **subcultura**.

Control social: Conjunto de métodos empleados por una **sociedad** para poner en línea a sus miembros más rebeldes y mantener el orden social vigente. Con influencias del **darwinismo social** y el **funcionalismo**, el objetivo del CS es impedir o neutralizar la tendencia a desviarse de las **normas**, eliminar o neutralizar a los "indeseables" y "estimular a los demás" a comportarse adecuadamente. El principal medio de CS es la violencia física (CS negativo). Pero también son fundamentales los mecanismos **ideológicos** de CS, la **educación** en primer lugar (CS positivo). Existen controles formales (leyes escritas, reglamentos, mandamientos, etc) y controles informales (**costumbres, ritos,** etc). El CS es un ejemplo del "**poder disciplinario**" del que hablara **Foucault**.

Cooperación simple (Karl Marx): Primer estadio de la **producción capitalista** o etapa de la **manufactura** más simple, es decir, de la producción manual que sólo se distinguía de la **artesanía** en el mayor número de **obreros** que utilizaba en forma simultánea un capitalista. En la CS cada trabajador realiza su **trabajo** en forma independiente de los demás, cumpliendo con todos los pasos hasta llegar al **producto** final, aunque están reunidos en un mismo lugar. Se trata, de este modo, de la fase inicial de la manufactura, cuando ésta aún no se había impuesto sobre el artesanado. La CS implica la reunión en un mismo lugar de trabajo de un **grupo** grande de obreros (muchos de ellos ex **artesanos**) para realizar tareas semejantes, coordinadas en base a un plan predeterminado. En la CS, el **capital** ya actúa en gran escala pero la **división del trabajo** y la maquinaria están poco desarrolladas. Proveniente de los sectores más prósperos de los finales del **feudalismo** (**mercaderes**, banqueros, navegantes, **señores** conquistadores de **tierras**) este sector capitalista incipiente proveyó la organización y se apropió de los **beneficios** productivos emergentes del hecho de que todos trabajaban en un único lugar, en vez de estar dispersos. Un ejemplo de CS es la reunión de varios telares en un solo taller, sin dividir el trabajo entre ellos, produciendo todos el mismo tipo de **mercancía**. El oficio y la destreza del **obrero** era la base de este **proceso** de **trabajo**. A esta etapa le sucedió la fase de la manufactura avanzada, cuando el trabajo se parcela y especializa.

Cooperativismo (fines del siglo XVIII): **Doctrina** que postula la formación de sociedades **cooperativas** de **producción**, que tuviesen en **propiedad** los **medios de producción** y se sostuvieran por sus propios medios. El C surgió históricamente con los pensadores del **socialismo utópico**, como Robert **Owen** y Charles **Fourier**, quienes lo concibieron como una forma de paliar la **explotación** brutal a la que era sometida la **clase obrera** en la **Revolución Industrial**. Nacidas en **Inglaterra**, entre sus principios, el C reivindica la adhesión voluntaria, la **democracia** interna, la participación de todos sus integrantes en las **ganancias**, entre otros. Además de C de producción, existen C de **consumo**, C de **crédito** y C **agrícolas**.

Corporaciones: Asociaciones de intereses que representan y defienden a determinado sector de la **sociedad**. Ejemplos: los **sindicatos**, las organizaciones de **empresarios**, la **Iglesia**, las **Fuerzas Armadas**, agrupamientos de comerciantes, industriales, banqueros, **campesinos**, etc. Las C son la base institucional de los regímenes **fascistas**, especialmente las que agrupaban a **trabajadores** y **patrones** en un mismo organismo, a modo de **sindicato policlasista**. C (**Émile Durkheim**): Organismos intermedios entre los **individuos** y el **Estado**. Cuerpo formado por todos los agentes de una misma **industria** o profesión, son una consecuencia directa de la **división social del trabajo**. Las C son indispensables por la influencia **moral** que tienen, capaces de contener los egoísmos individuales y de mantener una solidaridad común. Por eso, **Durkheim** las considera como la base de toda **organización política**, porque son herederas de la **familia**. De este modo, son las **instituciones** ideales para imponer una moral que cohesione a toda **sociedad**. El **modelo** corporativo de Durkheim defiende la unidad funcional de **obreros** y **patrones** -oponiéndose a la división en **clases** planteada por **Marx**- y la **representación funcional** –en oposición a la **representación territorial**-.

Costumbre: Forma de actuar uniforme y sin interrupciones, que por un largo período de tiempo adoptan los miembros de una **comunidad** por el uso y la repetición de los mismos actos y que poco a poco va adquiriendo cierto carácter de obligatoriedad al convertirse en exigencia colectiva. Formada por usos, principios **morales**, **ritos** y convenciones, la C es uno de los conceptos básicos de la **sociedad tradicional** y de la **dominación tradicional** (Max **Weber**). Desde el punto de vista de E. **Durkheim**, las C pueden llegar a convertirse en **normas** y tienen un gran peso en la **solidaridad mecánica**.

Cuentapropismo: Sector de la **sociedad** que trabaja por su cuenta, sin ser empleado ni emplear a nadie. Los cuentapropistas son un **grupo** muy heterogéneo, ya que aquí se incluyen profesionales independientes, pequeños comerciantes, taxistas, pequeños kioscos, etc. En las últimas décadas, el C ha crecido a nivel mundial –y en especial en América Latina- como consecuencia del aumento del **desempleo** y la precarización laboral.

Cuerpo administrativo (Max Weber): **Cuadro administrativo**, conjunto de los funcionarios del **Estado.** El CA obedece al detentador del **poder** por creencia en su **legitimidad**, pero también por la obtención de retribuciones personales (**dinero**, por ejemplo) y **honor** social (**prestigio**, por ejemplo). Eso explica por qué "acepta" no tener la propiedad de los medios materiales de administración (formados por el dinero que gasta, los edificios que habita, las herramientas de trabajo cotidiano, etc).

Cuestionario: Tipo de **encuesta** en el que no hay una relación personal entre encuestador y encuestado. Se opone, en este sentido, a la **entrevista**. El C es confeccionado en función de los objetivos para los cuales se lo elabora.

Está estructurado en forma de preguntas fijas, orientadas especialmente para obtener determinada información. Un caso especial es el C autoadministrado, donde el encuestado debe responder sin las presencia del encuestador. Se requiere, en este caso, que el C sea corto y claro. Dependiendo de la información que se desea obtener, las preguntas de un C pueden ser: cerradas simples (tienen dos o tres categorías nominales (en general sí-no, con la posibilidad de alguna **categoría** intermedia como, por ejemplo, "tal vez")), cerradas de alternativas múltiples (el encuestado debe elegir una sola respuesta de entre más de tres opciones), cerradas de respuestas múltiples (el encuestado puede elegir más de una opción al mismo tiempo. en este caso como en el anterior, debe colocarse la categoría "otros" y se debe proponer al encuestado que mencione algo que no haya sido incluido), cerradas con escala (tienen categorías (palabras o números) ordenadas), cerradas con frases (permiten estudiar temas conflictivos sin preguntar directamente. Todas las preguntas cerradas pueden convertirse en espontáneas si el entrevistado marca una categoría sin esperar a escuchar cuáles son las opciones), de observación (sexo, dirección y todo dato que no sea necesario preguntar en una entrevista cara a cara) y abiertas (no tienen categorías entre las cuales se deba elegir; el entrevistado se puede explayar libremente).

Cultura: E. **Durkheim** y B. **Malinowski** la definen como un todo integral dentro del cual pueden estudiarse las **funciones** de las diversas partes (**institucio-**

nes), siendo la C el ambiente artificial con el que el hombre trata de satisfacer sus necesidades naturales. Comprende "toda la herencia de artefactos, **mercancías**, procesos técnicos, ideas, hábitos y **valores**", **grupos** organizados y el simbolismo de una **estructura social**. **C letrada**: En las sociedades **capitalistas** contemporáneas, existen pronunciadas diferencias entre las diferentes **clases sociales** y en sus modos de acceder al conocimiento de la **lengua**, la literatura y los bienes culturales escritos en general. Una **sociedad** estratificada en clases genera sectores dominantes y subalternos, y entre ellos se generan no sólo brechas entre sus diferentes "culturas de clase" sino relaciones de dominio, competencia y enfrentamientos. Uno de los ejes recurrentes en esos conflictos culturales es la relevancia y la **legitimidad** de lo escrito en contraposición, sobre todo, a los productos y fenómenos de la **cultura de masas**. Así, desde los sectores más ligados a una concepción tradicional o "aristocrática" de la cultura, tenderán a descalificar los productos y fenómenos culturales que emergen de grupos sociales subordinados con un acceso menos privilegiado a la CL. A la inversa, desde los **medios masivos** tenderá a descalificarse la CL por anacrónica y reaccionaria, y reivindicarán para sí la autenticidad de lo "popular". **C popular**: Habitualmente se piensa a la CP como la que es originada por el **"pueblo"**, equiparándola en ocasiones a la cultura *folk* de ciertas comunidades previas al desarrollo del **capitalismo**. Una crítica posible a este tipo de pensamiento es que "romantiza" el concepto de "pueblo" y evade la problemática cuestión de las diferencias entre **las clases sociales**. Mucha CP así entendida no proviene de la **clase trabajadora** sino de poderosas **empresas** ligadas a los **medios de comunicación de masas**, más interesadas en la manipulación y el control ideológico de sus destinatarios que en su verdadera expresión popular. Una definición importante de CP es la que surge de los escritos teóricos-políticos del pensador italiano **marxista** Antonio **Gramsci**. Éste utiliza el término **hegemonía** para referirse al modo en que los grupos sociales dominantes generan el **consenso** de los grupos subordinados a través de un proceso de **liderazgo** intelectual y moral. En la perspectiva de Gramsci, sin embargo, la CP no es necesariamente la cultura impuesta desde los sectores dominantes, pero tampoco una opositora que surja espontánea y libremente del "pueblo". Es, más bien, un fenómeno de intercambios múltiples entre ambas culturas y se caracteriza, en consecuencia, tanto por la incorporación como por la resistencia.

Curso de Filosofía positiva (**Augusto Comte, 1830-1842**): En esta obra, **Comte** presentó una visión del despliegue de la **civilización** y del curso progresivo del espíritu desde sus comienzos hasta la madurez final, en una etapa científica que daría lugar a una **sociedad** nueva. Para Comte, el espíritu humano habría progresado en tres fases históricas: la **etapa teológica**, la **etapa metafísica** y la **etapa positiva**.

D

Darwinismo social (Herbert Spencer, fines del siglo XIX →): Teoría que plantea -a partir de una lectura polémica de la teoría de **Darwin**- que el hombre está en **competencia** con sus semejantes, y que de esa lucha surge una "**selección natural**" en la que sólo sobreviven los más aptos o los más fuertes. Esto sirvió para justificar la rivalidad entre los **Estados** en la etapa **imperialista** y las profundas diferencias sociales y raciales, coincidiendo con las lecturas del **elitismo** y el **liberalismo**. El DS sostiene que en todas las **sociedades** hay una desigualdad natural, y que sólo las *élites* son capaces de dirigir un país. Las teorías de T. **Malthus** y E. Haeckel también forman parte del DS.

Datos primarios: Fuentes recolectadas directamente por un investigador, con sus propios instrumentos. Técnicas de recolección de DP son la **observación**, la **entrevista**, cuestionarios, **tesis**, etc. Respecto de otros investigadores, esa información se considerará como **datos secundarios**.

Datos secundarios: Fuentes que un investigador utiliza, provenientes de una recolección realizada por otro investigador. Por ejemplo, una encuesta hecha por otro. Opuesto: **datos primarios**.

Demografía: Parte de la **Sociología** que estudia las características de la **población**, tales como natalidad y mortalidad, **migraciones**, sexo, estado civil, alfabetismo, etc. La D como disciplina surgió en el siglo XVII.

Densidad de población: Número de habitantes de un lugar en proporción a la extensión del mismo. La DP se mide en habitantes por km².

Depauperación: Proceso de movilidad social ascendente, en particular de los estratos bajos. Opuesto: **pauperización**.

Desigualdad intercategorial: Desigualdad basada en la pertenencia a categorías distintas. Por ejemplo, una persona que tiene estudios primarios frente a otra que tiene título universitario.

Desigualdad intracategorial: Desigualdad dentro de una misma categoría. Por ejemplo, dos personas que tienen estudios secundarios, una de las cuales tiene **trabajo** estable y la otra está desocupada.

Desocupación: Situación en que se encuentra la parte de la **población económicamente activa** formada por los que trabajan muy ocasionalmente o que no trabajan en absoluto pero que buscan trabajar. Para los **neoclásicos**, la D es un fenómeno voluntario de los **trabajadores** que no aceptan trabajar por un **salario** al que consideran demasiado bajo. Los **keynesianos** niegan eso y plantean la existencia de un **desempleo involuntario**, mientras que el **marxismo** sostiene que la D no es un **fenómeno** accidental sino una característica esencial del **capitalismo**, que cumple la **función** de dividir, debilitar y dominar a la **clase obrera**, formando un **ejército industrial de reserva**.

Desviación estándar: En una distribución de frecuencia, la DE es una medida de dispersión consistente en la raíz cuadrada de la **media** aritmética de los cuadrados de la desviación a partir de la media. También llamada desviación típica o desvío estándar.

Desviación social (funcionalismo): Acción social o comportamiento **disfuncional** que no se ajusta al **modelo** y a las **normas** sociales dominantes y que atenta contra el **equilibrio social**. Por ejemplo, no pagar los **impuestos**, cruzar el semáforo en rojo y todo tipo de conductas ligadas a la **corrupción**.

Diferenciación: Según el **funcionalismo**, la D implica cambios y especializaciones en los **roles** o **estructuras** de un **sistema** social o la aparición de otros nuevos. Un ejemplo es la **socialización secundaria**, cuando la persona incorpora otros submundos diversificando sus roles y **funciones**, En las **empresas** modernas, todo el **sistema** de jerarquización es un caso de D.

Difusión: Transferencia de elementos culturales de una **sociedad** a otra. Por ejemplo, casi todo lo que se usa en la "**cultura** norteamericana" deriva de otras sociedades y culturas: su cama, ropas, platos, alimentos, idioma, **religión** y muchas cosas más. La D es un **proceso** selectivo: por ejemplo, Japón adoptó **tecnología** occidental sin hacer lo mismo con las creencias **políticas** occidentales, sus **instituciones**, arte o filosofía.

Dilthey, Wilhelm (1833-1911): Historiador y filósofo **comprensivista** e **idealista** alemán, criticó al **positivismo** con los siguientes postulados: a) los **fenómenos** históricos y sociales son creación humana, b) la libre creatividad humana es un dato esencial que no se puede ignorar, c) los hombres tienen fines y dan **significado** a sus **acciones**, d) la **historia** posee un contenido rico en **fenómenos** espirituales, mentales, institucionales, ideológicos, artísticos. Entre sus obras principales encontramos a: *Introducción a las Ciencias del Espíritu* (1883).

Disciplina (Max Weber): Probabilidad de encontrar **obediencia** a un mandato pero de forma pronta, simple y automática, basada en actitudes arraigadas. **D (Michel Foucault):** Técnica de **control social** surgida en la **Modernidad**, control minucioso que tiene como objetivo domesticar a los cuerpos de los **individuos** hasta convertirlos en cuerpos dóciles y productivos, a través del autocontrol. Específicamente, la D fue la técnica histórica de subordinación del **trabajo** al **capital**. Las D suponen tres procedimientos: la vigilancia, el **examen** y la policía.

Disciplinamiento: Alude a la acción del **poder disciplinario** para encauzar las **conductas**, premiando las que se acercan a lo esperado y castigando las desviaciones.

***Discurso sobre el origen de la desigualdad entre los hombres* (Jean J. Rousseau, 1755):** Obra en la que el teórico francés sostiene que la desigualdad entre los hombres es producto de la

sociedad, del egoísmo que generó la **propiedad privada**, inventada por la sociedad.

Disfunción (Robert Merton): Categoría de la **sociología funcionalista** que define a las consecuencias que tienden a disminuir la integración y la estabilidad de un **sistema** o **sociedad** o de algunas de sus partes, amenazando su unidad y la posibilidad de su supervivencia. Ejemplos: **guerras** o **revoluciones**. Opuesto: **eufunción**.

Dismonía (estructural-funcionalismo): Estado social de inconsistencia funcional, caracterizado por la presencia constante de conflictos que no pueden regularse.

Dispersión: Variabilidad o extensión de un conjunto de **datos**.

Distopía: Descripción literaria pesimista acerca de una **sociedad** futura que toma en cuenta amenazas actuales, tales como el mal uso de la **tecnología**, desastres ecológicos, el **fundamentalismo**, la proliferación de **dictaduras**, etc. La D se distingue, en este sentido, de la **utopía**.

División del trabajo: Fragmentación del **proceso** productivo en operaciones específicas realizadas por un solo **trabajador**. La DT permite reducir los desplazamientos entre una operación y otra. La **producción** masiva estandarizada y el desarrollo de **economías de escala** iniciados con la **Revolución Industrial** no hubieran sido posibles sin la profundización de la DT. Autores como A. **Smi**

th y E. **Durkheim** han desarrollado este concepto. El primero de ellos describió el ya clásico ejemplo de la fábrica de alfileres, planteando que, en tanto que un **obrero** aislado hubiera podido producir como máximo unos veinte alfileres diarios, la DT fabril en unas dieciséis operaciones permite aumentar la producción enormemente. Así, cita el ejemplo de una pequeña **fábrica** sin maquinaria adecuada, que aplicando la DT entre los obreros fabricó cuarenta y ocho mil alfileres diarios, esto es cuatro mil ochocientos en promedio por cada obrero. La moderna **industria** se asentó sobre estos parámetros, que distinguen a la DT de la división de tareas en las sociedades preindustriales, dado que ésta no aumentaba significativamente la producción sino que servía, más que nada, para establecer distintos **estratos** sociales. Los economistas **clásicos** reivindicaron la DT, señalando que permite: reducir el tiempo de trabajo para producir (aumento de la **productividad**), simplificar el aprendizaje de las tareas, desarrollar la especialización, reducir **tiempos muertos** y **costos** y aumentar las **ganancias**, entre otras ventajas. **Marx** criticó esa lectura, a la que consideró una apología del **capitalismo**, planteando que el fraccionamiento de la labor del obrero constituía un **trabajo alienado** que convierte al trabajador en un apéndice de la máquina y en un instrumento del **capitalista**. Señaló que la división manufacturera del trabajo, típica del **capitalismo**, hace que ningún obrero en forma individual produzca **mercancías**, sino sólo el conjunto de ellos. De este modo, en el capitalismo la **división social del trabajo** (ver) y la DT en la producción se influyen recíprocamente, lo que no sucede en los **modos de producción** anteriores.

División social del trabajo: Conjunto de las relaciones directas e indirectas a partir de las cuales se producen los diversos **bienes** y **servicios** en una **sociedad**. Según **Durkheim**, la DST se vincula directamente con la cantidad de **población** con la que cuenta cada sociedad. En sociedades simples, la DST se basa en parámetros de sexo y edad. Desde el punto de vista del **marxismo**, la DST señala cuánto se han desarrollado las **fuerzas productivas**, sirviendo como indicadores la posibilidad de generar **excedentes**, la especialización y el crecimiento demográfico. La **división del trabajo** se produce primero en la **familia**, generando diferentes formas de **propiedad** -con la consiguiente facultad de disponer del **trabajo** ajeno o de sus frutos-. La primera DST que se produce por fuera de la familia es la que se da entre trabajo industrial y comercial, por un lado y agrícola, por el otro: división campo-ciudad, con intereses diferentes. Luego se divide también el **trabajo intelectual** del **trabajo manual** y el **comercio** de la **industria**. Después se dividen ramas internas, lo que depende del **sistema** de trabajo (**patriarcado, esclavitud, estamentos, clases sociales** modernas, etc). En lo relativo a la DST en la era moderna y la **Revolución Industrial, Marx** distingue las etapas de la **cooperación simple**, la **manufactura** y la **gran industria**.

Dominación: Existencia de una relación de desigualdad entre dos o más sujetos, por la cual uno de ellos obedece al otro. En este sentido, la D sería la suma del **poder** y la **influencia**. **Weber** definió a la D como la probabilidad de que un mandato con contenido determinado sea obedecido por un conjunto de personas. Se puede obedecer a algo o alguien por **costumbre**, por conveniencia, por convencimiento o por muchos otros **motivos**. En este sentido, Weber propuso los **tipos de D** (ver). La **política** –sostiene Weber- es también el arte de lograr ser obedecido. También distingue: 1- **D estamental:** Tipo de **D patrimonial** en la que los poderes de mando y las probabilidades económicas que ofrece están apropiadas por el **cuadro administrativo**, 2- **D patrimonial: D** primariamente ordenada por la **tradición**, pero ejercida en **virtud** de un **derecho** propio (basado en el patrimonio), **D sultanista:** Tipo de **D patrimonial** que se mueve -en lo administrativo- en la esfera del arbitrio libre, independientemente de la **tradición**. Para **Marx**, la D se basa en razones materiales: la **propiedad privada de los medios de producción**: la **clase** propietaria explota y domina a la clase no propietaria.

Durkheim, Émile (1858-1917): Sociólogo y economista **conservador** francés. Tomando la experiencia de la **Tercera República** francesa donde –a diferencia de **Inglaterra**- la **nobleza** se enfrentó en forma sangrienta con la **burguesía**, el objetivo central de D fue encontrar las bases de un orden social armónico y estable. D pensaba que había una **división del trabajo** positiva, que evitaría la desorganización y la **anarquía**. Como planteara Portantiero, la pregunta central de D era ¿cómo asegurar el orden en la compleja **sociedad** industrial en donde los lazos tradicionales que ataban al **individuo** a la **comunidad** están rotos? Creyó que el hombre no podía alterar las **leyes** sociales, pero sí descubrirlas para mejor adaptarse a ellas. La división del trabajo propia de la sociedad industrial debe integrar a la sociedad, creando sentimientos de solidaridad, mediante normas explícitas que actúen como **valores** morales en la creación de una **conciencia colectiva** que permita que los hombres puedan convivir. D, si bien desciende del **positivismo** imperante en su época, se distanció de éste (criticó la **estructura** histórico-filosófica y las etapas evolutivas planteadas por **Comte**) defendiendo una postura **racionalista** aplicada al estudio de los **hechos sociales**, objetivos e independientes de la voluntad (donde se aprecia la influencia del psicólogo W. **Wundt**). En su visión, lo social no es la suma de las voluntades individuales: es algo que posee una lógica particular y que debe ser estudiado en sus propios términos. Los hechos sociales poseen poder de **coerción** sobre los **individuos**, esto es, de influir decisivamente en sus vidas. Las conciencias individuales se moldean a partir de valores y **costumbres** pre-existentes a cada uno de los individuos que nacen en una sociedad. Los estados mentales colectivos no pueden, entonces, ser simplemente el resultado de la suma de las conciencias individuales, ya que éstas están pre-moldeadas por una conciencia colectiva externa a ellas, presente en la **religión**, el **derecho**, la moda, las **instituciones** políticas, la **educación**, la

moral y cualquiera de las formas de la vida colectiva. De este modo, D ve a la sociedad no como una suma de individuos, sino como a una síntesis de éstos, bajo la forma de un **sistema** de normas. Para D, la decadencia del **poder** religioso, tras la caída del **feudalismo**, derribó la **solidaridad mecánica** existente y dejó un vacío moral que derivó en un apetito desmedido y el descontento del hombre moderno, provocando caos y anarquía. Hacía falta una fuerza moral que moderara y regulara el egoísmo individual. Los grupos profesionales y ocupacionales -mediando entre el Estado y los individuos- serían el ámbito para ejercer la fuerza moral sobre los individuos, limitando sus deseos e integrándolos a la sociedad. Así, los **gremios** y **corporaciones** -que unen a los hombres según su profesión u oficio, independientemente de su **clase social**- integran a los individuos en la sociedad, evitando los conflictos y cimentando una **solidaridad orgánica**. Entre sus obras principales encontramos a: *La división social del trabajo* (1893), *Las reglas del método sociológico* (1894) y *El suicidio* (1897).

E

Economía y sociedad (**Max Weber, 1920**): La obra más importante de **Weber**, publicada un año después de su muerte sin que haya podido terminarla. En ella, Weber desarrolla aspectos esenciales de su **teoría** sociológica **comprensivista**: los **tipos ideales de acción social**, los **tipos ideales de dominación**, el análisis de los **partidos**

políticos y los **estamentos**, la **burocratización** creciente, etc.

Educación: En una definición clásica la E es descripta como el **proceso** por el cual una persona desarrolla toda la perfección de la que es susceptible; proceso que consiste en la **socialización** metódica de las jóvenes generaciones. Justamente, para el **funcionalismo** E es sinónimo de socialización mientras que en la **teoría marxista** se habla de **reproducción** (del orden vigente).

Ejército industrial de reserva (Karl Marx): **Masa** de los **trabajadores** desocupados provocada por la **economía capitalista**. Dado que la **demanda** de **trabajo** no depende del volumen del **capital** total sino sólo del **capital variable**, y que éste desciende proporcionalmente a medida que avanza la **acumulación de capital**, el resultado es que el crecimiento de la **población** obrera es mayor que el capital variable disponible para pagar **salarios**. El resultado es la necesaria formación de una población obrera remanente o sobrante, lo que produce el efecto de dividir a la **clase obrera** entre desocupados que presionan el salario a la baja y ocupados que aumentan su **productividad** y por lo tanto incrementan los niveles de **explotación** y **plusvalía relativa**.

El Capital (**Karl Marx, 1867**): La obra cumbre del fundador del **materialismo histórico**. En ella aparecen temas como la **acumulación originaria**, la diferencia entre **valor de cambio** y **valor de uso**, la **plusvalía**, el **fetichismo de la mercancía**, etc. Aunque sólo llegó a escribir una parte del plan original, EC sentó las bases de la **doctrina** económica **marxista**.

El suicidio (**Émile Durkheim, 1897**): Estudio **empírico**, considerado un **modelo** de análisis sociológico **positivista**. **Durkheim** plantea que es el grado de **cohesión** social que tenga el **grupo** al cual pertenece un **individuo** el factor determinante del índice de suicidios manifestado en dicho grupo. Durkheim formula una ley: "Cuanto mayor sea el grado de cohesión o integración social del grupo, menor será la tasa de suicidio dentro de ese grupo." Distingue tres tipos: **suicidio anómico, suicidio altruista** y **suicidio egoísta**. El suicidio del hombre moderno –suicidio anómico- es un **hecho social** que se origina en la pérdida de **cohesión** y unidad de la **sociedad moderna** y en la falta de **normas** morales que orienten las acciones de los individuos. Con ES, Durkheim procura demostrar que un **fenómeno** puramente individual como quitarse la vida tiene, en realidad, profundas raíces sociales.

Élite: **Grupo** social minoritario con privilegios o cualidades especiales (riqueza, **cultura**, sabiduría, experiencia, valentía, etc) que le permiten ejercer **poder**. Ejemplos: los **aristócratas (sociedades tradicionales)**, los banqueros y monopolistas (**sociedad capitalista**), intelectuales, científicos, dirigentes políticos, etc. W. **Pareto**, G. **Mosca** y R. Michels (ver **ley de hierro de la oligarquía**) han sido quienes más han desarrollado la **teoría de las E**.

Empatía: (Del alemán *einfühlung*, "sentir como si estuviéramos dentro de otro"). Capacidad para captar en forma intuitiva los sentimientos y pensamientos de los demás. Disposición mental que permite a un investigador acercarse a los seres humanos que estudia, tratando de ubicarse en el lugar o punto de vista en el que ellos están. Mediante la E el investigador intenta pensar del mismo modo que lo hace el investigado y de esta forma lograr comprenderlo (**comprensión**).

Empresario: Propietario de una **empresa**, cuyo objetivo es producir **bienes** o **servicios** para obtener una **ganancia**. Para los **neoclásicos**, el E es un **individuo** que organiza y administra la producción, innovando y asumiendo riesgos. En términos **marxistas, capitalista, burgués**, que tiene en **propiedad medios de producción** y emplea **trabajo asalariado** al que explota extrayéndole **plusvalía**, obteniendo una **ganancia** y acumulando **capital**.

Encuesta: Relevamiento de **información** con el fin de extraer de ella **datos** para ser elaborados según la orientación de una **hipótesis** de trabajo planteada. Por ejemplo, E de opinión, motivacionales, de productos, para diseñar estrategias publicitarias, etc. Se pueden implementar a través de **cuestionarios** o **entrevistas**.

Endogrupos: Grupos de los que un **individuo** se siente parte. Son E la **familia**, el grupo de amigos, los compañeros de escuela, la comunidad religiosa, la barra brava, etc. El individuo que integra un E se siente identificado con él.

Opuesto: **exogrupos**.

Entrevista: Tipo de **encuesta** en la que existe una relación directa por medio de una conversación entre encuestador y encuestado, lo que la distingue del **cuestionario**. Un tipo especial es la E activa, donde el investigador se propone crear un determinado tipo de conversación, cuyo objetivo es que el entrevistado hable de ciertas cosas. Aunque esta técnica no tiene reglas fijas, el investigador debe conocer las características culturales, el entorno y el vocabulario del entrevistado, con el fin de evitar resistencias a responder.

Equilibrio social: Categoría de la **Sociología funcionalista** que sostiene que toda **sociedad** se basa en el **consenso** en **valores** comunes y en la interdependencia entre las partes y el todo como barreras al **conflicto social**.

Ergonomía: Disciplina que estudia el modo en que los instrumentos, máquinas y ambiente de **trabajo** se adaptan a la constitución física de los **trabajadores** que los utilizan. Sus investigaciones son muy utilizadas en **Sociología del trabajo**.

Error de muestreo: Margen de error de los **datos** tomados en una **muestra** respecto de la **población** total del **fenómeno** analizado. Así, el EM es el nivel de riesgo que se corre, de que la muestra escogida no sea representativa. Por ejemplo, en las encuestas preelectorales suele hablarse de un EM o **margen de error** del +/- 5 %, lo que significa que hay un 95 % de **probabilidades** de que la muestra sea representativa del **universo** estudiado.

Escala: Línea con valores correlativamente ordenados (por ejemplo, del 1 al 100) con un punto inicial (por ejemplo 0) y un punto final (por ejemplo 100), utilizada para medir **variables**. Los intervalos de las E deben ser precisos, **exhaustivos** y excluirse mutuamente. Hay varios tipos de E: **E nominal, E ordinal, E de intervalos iguales, E de cocientes**, etc. Algunos usos: 1- **de cocientes:** Es una **E de intervalos iguales** pero cuyo valor cero es real, lo que indica ausencia del **fenómeno** medido. Por ejemplo, la variable "altura" o "masa", 2- **de intervalos:** E en que las diferencias cuantitativas entre los intervalos es la misma. A diferencia de la **E ordinal**, donde las diferencias entre las cantidades de las **variables** no son siempre las mismas, en la EI esa distancia es constante. Por ejemplo, los grados en un termómetro o los centímetros en una regla. Esto significa que el **objeto** estudiado no sólo se ordena jerárquicamente como en el caso ordinal sino que, entre cada una de las unidades que significan un incremento respecto de la anterior la distancia no varía sino que permanece igual. Esta E no posee cero absoluto, ya que en ella el cero no indica ausencia de un **fenómeno** (cero grados no significa ausencia de temperatura), lo que sí sucede en la **E de cocientes**, 3- **nominal:** E cualitativa que clasifica y diferencia características entre objetos o personas. Se trata de la lista de las distintas posiciones que puede adoptar una **variable**, sin que ello implique cierto orden real o jerarquía. Para que haya

EN, es necesario que al menos exista una cualidad del **fenómeno** con el que vamos a trabajar: los miembros, elementos u observaciones de una clase o categoría deben ser equivalentes, idénticos, respecto al atributo que tenemos en cuenta. Por ejemplo, los números de las chapas de automóviles, los números de centrales telefónicas o una clasificación de profesionales (abogados, médicos, antropólogos, ingenieros, historiadores, odontólogos, etc). Con esta E se pueden realizar muy pocas operaciones estadísticas, porque el objeto no cumple con la mayor parte de las propiedades lógicas de los números, 4- **ordinal: E** cuantitativa. Si los objetos o elementos de una categoría no sólo tienen la propiedad de diferenciarse de los de otra categoría, sino que además establecen alguna relación cuantitativa, tenemos una EO. En el caso de una **E nominal**, diferentes profesionales (médicos, abogados, etc) son sólo diferentes categorías de una **variable**. Pero si consideramos un **fenómeno** más, por ejemplo, el nivel de educación, entonces las categorías serán: analfabetos, primaria, secundaria, universitaria. Podemos asignar a cada una un número que no sólo marcará la diferencia entre una categoría y otra, sino que además señalará, dentro de un **rango**, un más o un menos (que puede ser exacto o no), que es propio del **objeto** que estudiamos. Así, cuando decimos en una E nominal que los abogados son 1 y que los médicos son 2, esto no significa que los abogados tengan "más" de algo respecto de los médicos. En cambio, cuando decimos que los analfabetos son 1 y que los que tienen educación primaria son 2, los números no sólo reflejan diferentes categorías sino más tiempo de concurrencia al **sistema** educativo. Esto significa que la **estructura** de los números se acerca más a la del **objeto** estudiado y por eso se pueden realizar algunas operaciones matemáticas cosa que, en el caso de la E nominal, no es posible.

Esclavitud: Forma extrema de desigualdad, por la que ciertos **individuos** carecen de derechos. Un hombre es considerado **esclavo** si es **propiedad** de otro; puede no tener atribución alguna como un utensilio o puede tener cierta protección como una vaca o una oveja. Por ser posesión de un dueño, el esclavo está obligado a trabajar. Pero si goza de ciertos derechos, deja de ser esclavo. Ejemplos históricos de E: la antigua Grecia o Roma, el **sistema** de plantaciones de los Estados del sur de los **Estados Unidos** en los siglos XVIII y XIX y diversas formas de **trabajo forzado** durante la **colonización española**. Como la base del **sistema** es económica, su decadencia se debe a la escasa **productividad** de los esclavos en la era industrial (ver también **modo de producción esclavista**). Durante la primera época de **colonia**, el tráfico de esclavos se realizaba por medio de permisos otorgados por la Corona a ciertos comerciantes, por lo general portugueses, aunque los ingleses participaron también activamente del negocio.

Esclavo: Hombre que pertenece en **propiedad** a otro, quien puede disponer –usarlo, venderlo, etc- de él como si fuera un **objeto**, un animal o una fuerza productiva.

Espacio social (Pierre Bourdieu): Espacio en el cual se cruzan el **capital: económico**, el **capital cultural** y el **capital social**. En este cruce, los capitales conforman las **clases sociales** de una **sociedad** dada.

Esperanza de vida: Edad promedio que alcanza a vivir la **población** de un lugar. La EV depende del progreso de la **ciencia** médica y del **desarrollo** económico. Actualmente, mientras que los **países desarrollados** tienen una EV aproximada a los 75 años o más, en algunos países de Asia y África llega a ser inferior a los 40 años.

Establishment: Élite **política** e intelectual al servicio de las **clases** y **grupos** dominantes de una **sociedad**.

Estadística: Ciencia basada en la matemática utilizada para inferir, procesar y exponer **datos** de la realidad con el fin de interpretarlos con mayor claridad. Las E son mediciones que describen las características de una **muestra**. También se puede definir a la E como el **proceso** y el producto resultante de recopilar datos **empíricos** de manera **cuantitativa** y **cualitativa**. Se llama **estadísticos descriptivos** a las herramientas estadísticas utilizadas para caracterizar a las **unidades de análisis** en una **investigación**. Las medidas de tendencia central y de posición explican los valores de la **variable** que está en el centro de la distribución (**media aritmética, mediana** y **moda**). Las mediciones de variación tratan acerca de la dispersión o variabilidad con respecto a los valores centrales de una muestra. La forma de la distribución puede ser simétrica (los valores están repartidos homogéneamente) o asimétrica (los valores tienden una tendencia más marcada hcia los bajos o hacia los altos). En cuanto a las **técnicas** utilizadas por la E, algunas de las más frecuentes son: 1- el **análisis de correlación** (mide la fuerza que existe (es decir, la **correlación**) entre una variable y otra. Para ello se utiliza un coeficiente de correlación (r) que tiene un rango que va desde -1 a 1, con o como punto intermedio. -1 y 1 representan correlaciones perfectas (una positiva y la otra negativa) entre dos variables, siendo el o la ausencia total de correlación entre dos variables), 2- El **análisis de regresión** (predice el valor de la variable dependiente sobre la base de la/s variable/s independiente/s) y, 3- El **análisis factorial** (sirve para reducir la cantidad de variables en aquellos casos en que su número es demasiado elevado).

Estado: La **Ciencia Política** actual define al E como a la **organización** que impone y obtiene acatamiento de la **población** valiéndose del **poder** o **coerción** y de la **autoridad** o **legitimidad.** Se plantea que el E es el ordenador de la **sociedad**, encargado de regular los conflictos sociales provocados por el choque de intereses, **valores** y **costumbres.** El E expresa -o pretende expresar- a la vez el interés general de la sociedad y el de un **grupo** dominante. Para los griegos (**Sócrates, Platón, Aristóteles**) el E es el lugar de lo público, la *Polis*. Puede decirse que en la **Edad Media** no existió el E: todas sus

funciones típicas estaban repartidas entre la **Iglesia**, la **nobleza**, los caballeros y otros grupos privilegiados. Como plantea Heller, los orígenes del **E moderno** se ubican en las ciudades-repúblicas italianas del **Renacimiento.** Es allí donde se unificaron y concentraron en el E los ejércitos, la administración, las **leyes**, las atribuciones económicas y la obediencia general. Así, el pasaje al E moderno consistió en un **proceso** por el que los medios de administración y autoridad -que eran posesión privada- se convirtieron en propiedad **pública**, en favor del monarca absoluto primero y luego del E en sí: poder militar, justicia, administración, comunicaciones, **moneda**, **impuestos**, etc. Para **Maquiavelo**, *stato* es la organización **política** de un país. Para los **contractualistas** (**Hobbes, Locke, Rousseau**), el E es el resultado del **contrato social** entre los **individuos.** Para el **liberalismo**, el árbitro imparcial entre los individuos iguales. Para **Hegel**, el E es la superación dialéctica de lo particular y lo universal, la realización de la libertad humana. Para el **marxismo**, se trata de un instrumento de la **clase dominante** (propietaria) en la **producción** para oprimir a la mayoría. Es decir que, en oposición a las visiones liberales, cristianas y **contractualistas**, el E no es neutral sino una herramienta de opresión de clase. Para **Marx** y **Engels**, el E es un producto del desarrollo histórico asociado al surgimiento de la **división del trabajo**, el **excedente**, la **propiedad privada** y la consiguiente formación de **clases sociales** antagónicas. Su esencia es la existencia de una fuerza armada especial para que la **sociedad** produzca según la necesidad de la clase dominante, fuerza que aparece colocada por encima de la sociedad y se divorcia de ella cada vez más. Cada E que ha existido en la **historia** está determinado por el **modo de producción** del que surgió y es un instrumento de la clase dominante en ese modo de producción. Toda clase propietaria necesita de un cuerpo armado especial, **instituciones**, **leyes** e ideas para defender su privilegio. De todos modos, si bien todo E expresa el interés fundamental de la clase dominante también expresa, al menos parcialmente, intereses de las clases dominadas (como lo planteara **Gramsci** a partir de su **concepto** de **hegemonía**). Para **Weber**, el E es aquel instituto político de actividad ininterrumpida, donde su **cuadro administrativo** posee el **monopolio legítimo** del uso de la violencia física. Desde un punto de vista jurídico, la mayoría de los autores sostienen que el objetivo central del E es el **bien común**. **Kelsen** considera al E como la representación metafórica de la totalidad del orden jurídico. Jellinek, por su parte, plantea que los elementos constitutivos del E son la **población**, el **territorio** y el **poder**, aunque otros autores agregan el **gobierno** y el **derecho**. Algunas aplicaciones y acepciones: 1- **E: Grupo** de pertenencia social adquirido desde el nacimiento pero susceptible de cambiar, lo que diferencia al E de la **casta**. En Roma y en la **Edad Media** predominó el concepto de **orden** –utilizado como sinónimo de E, aunque algunos autores no comparten el criterio–, es decir, grupos de hombres distribuidos en funciones fijas en la **estructura** social. Por ejemplo, la **Iglesia medieval** se reservaba la **función** de rezar, mientras que los seño-

res **feudales** debían combatir y los **campesinos** trabajar, siendo estos últimos subordinados de los otros dos órdenes considerados superiores. Pertenecer a un E implica que se ha nacido conforme a algo y que los **individuos** aceptan la posición jerárquica que les toca en la escala social, de acuerdo con sus dignidades, honores, **símbolos**, modos de vida o profesiones. También se le llama **estamento** (ver). La estructura del *Ancien Régime* se basaba en los E, 2- **E de Bienestar (1933 →)**: Tipo de **E capitalista** surgido tras la **Crisis del 30**. El EB se basó en un **pacto social** entre la **burguesía** y los **trabajadores**, por el cual la **clase** capitalista concedió aumentos de **salarios**, derechos sindicales y mayor estabilidad laboral a cambio de aumentos en la **productividad**, la estatización del **movimiento obrero** y el respeto a la **propiedad privada de los medios de producción** –es decir, el compromiso de no cuestionar las bases esenciales del **capitalismo**– por parte de los trabajadores. El EB fue fundamental para salvar al capitalismo, para lo cual el E puso límites a la propia burguesía en defensa de los intereses generales del **sistema** capitalista. De este modo, la **lucha de clases** en la **producción** quedó relegada a un segundo plano, pasando a ser central el conflicto institucional por la **distribución**. El EB intervino en forma directa en la **economía**, regulando la **oferta** y la **demanda** de **bienes y servicios**, logrando incrementar la productividad del **trabajo** (es decir, lo que los **marxistas** llaman **plusvalía relativa**) y de ese modo, incrementar los salarios sin afectar las ganancias. Así, aparecieron las juntas reguladoras, los bancos centrales, etc. Su ejemplo paradigmático fue el *New Deal* ("Nuevo Trato") implementado por F. **Roosevelt** en **Estados Unidos** a partir de 1933, pero su difusión en Europa se generalizó luego de la **Segunda Guerra Mundial.** Hacia principios de los '70, el EB entró en **crisis** al verse debilitadas las bases que justificaran su formación (fundamentalmente la caída de la **tasa de ganancia** y factores anexos como el cese de disponibilidad de **energía** barata, endeudamiento **público,** altos **impuestos** al **capital,** fin del **consenso** de la **clase obrera,** etc). Mientras que algunos analistas identifican al EB con las **políticas económicas keynesianas** que sostuvieron la demanda con el fin de garantizar el **consumo** de una producción creciente -gracias al aumento de la productividad originado en los métodos de trabajo intensivo del **fordismo**- otros autores focalizan el concepto de EB para referirse a las políticas de provisión de servicios sociales universales a cargo del E, con el fin de cubrir las necesidades básicas de los **ciudadanos** -**educación,** asistencia sanitaria, pensiones, vivienda, ayuda familiar, **seguridad social,** etc-, y a la responsabilidad del E en el logro de un nivel mínimo de vida, al que se reconoce como un **derecho** social. En este segundo sentido, el concepto se asimila al de **E Social,** 3- **E de linajes (Max Weber):** Transformación de una **norma** carismática en estamental y tradicional, 4- **E moderno (siglo XV →):** Organización **política** donde el **poder** está centralizado territorialmente en manos de un **soberano,** quien obtiene el reconocimiento externo de sus facultades y la obediencia de los **ciudadanos** en base a la **ley,** contando además con el apoyo de una **burocracia** de **funcionarios** y la monopolización del los **ejércitos** y el cobro de los **impuestos.** Mientras que para **Marx** el EM tiene su base en la **expropiación** de los **medios de producción,** para **Weber** el centro está puesto en el momento histórico de la separación de los medios materiales de **coacción** (las armas) de manos de los **nobles** y la consiguiente creación del aparato burocrático del E. En este sentido, el EM es una **asociación política** –es decir una asociación que se especializa en el ejercicio del poder y de la **dominación**– de base territorial y cuyo **cuadro administrativo**-burocrático ejerce el **monopolio legítimo** del uso de la violencia. La fuerza es el medio específico del E, y desde la constitución del EM, éste es el único autorizado legítimamente para hacer uso de ella. Históricamente, el EM se conformó cuando las **monarquías** feudales de **España,** Portugal, **Inglaterra** y **Francia** pasaron a ser monarquías nacionales, apropiándose de viejos privilegios en manos de la **nobleza,** el **clero** y las **corporaciones.** Para algunos autores, el EM se identifica sin más con el **E,** ya que consideran a otras formas políticas del pasado (por ejemplo, el E de la **Roma** antigua) como pseudo E, 6- **E racional (Max Weber):** Nombre dado por Weber al **E moderno,** al que destaca como anterior al **capitalismo** e impulsor del desarrollo de este **modo de producción,** 7- **E social (1945-1975):** Ugo Pipitone ha señalado que el ES se basa en la combinación de tres grandes elementos: el **neocorporativismo** –pacto tripartito entre **E, capital** y **sindicatos**-, el **E de Bienestar** –E distribucionista e impulsor de la **demanda**- y el E administrador –E regulador e intervencionista en el **mercado**-. Hacia mediados de la década de 1970, el excesivo endeudamiento estatal, las altas cargas impositivas, los reclamos sindicales y la **inflación**, llevaron al ES al colapso. Fue el momento en que irrumpió con fuerza el **neoliberalismo**.

Estados: Cada uno de los grupos sociales de la **Francia** previa a la revolución de 1789. Los E eran tres: **clero, nobleza** y clase productora.

Estamento (Max Weber): Grupo unido por características comunes o determinado *status* o modo de vida que otorga al mismo determinado **prestigio**. Mientras que la **clase social** hace referencia a criterios económicos, el E refiere a criterios sociales, políticos y/o militares, que impiden la **movilidad social**. El **feudalismo** es el caso típico de una **sociedad** basada en E o estados: **nobleza, clero** y **estado llano**. F

Estamentos: Grupos de hombres o comunidades con un modo de vida en común y con funciones fijas en la **estructura** social, determinadas por la **ley** o la **costumbre**. Los E feudales se caracterizaban por tener cada uno un *status* legal definido en cuanto a derechos y obligaciones, cumpliendo funciones definidas en una amplia **división del trabajo**. Los E eran algo menos estáticos que las **castas**: por ejemplo, un **siervo** liberado por su señor o un **campesino** podía entrar a la milicia o al **clero**, o el hijo de un comerciante se podía llegar a casar con la hija de un aristócrata, sin embargo se trataba de casos excepcionales, siendo la regla general la estabilidad y no la **movilidad social**. Aunque en un sentido había "clases", la relación entre ellas era muy distinta a la que conocemos en las sociedades modernas. En la **sociedad** feudal, se consideraba que cada E tenía su **función**: la nobleza, defender a todos, el clero, rezar por todos, y el **pueblo**, dar alimentos a todos. Ejemplos históricos: la Europa medieval, el Japón de los **Meiji**, los **incas** y los **mayas**. También llamados **estados** u **órdenes**.

Estirpe: Origen social de un **individuo**, el E o **linaje** es fundamental en la **teoría funcionalista** de la **estratificación social**. El E alto o bajo dependerá la procedencia racial o **étnica**, el **prestigio** familiar, el tiempo de residencia en el lugar, entre otros factores.

Estratificación: Proceso por el cual los **individuos, familias** o **grupos** sociales son jerarquizados en una escala. **E social:** Clasificación de las desigualdades sociales sobre la base de la distribución de la **sociedad** en **estratos** con diferentes niveles de acceso a los recursos materiales, culturales, políticos o de cualquier otra índole. La **teoría** más vinculada a la ES es la **funcionalista**, desarrollada entre otros por **Parsons, Merton** y Davis y Moore. El funcionalismo presupone la ES como un **fenómeno** universal, inevitable y necesario y la define como la distribución jerárquica entre los individuos que componen la **estructura social** con **roles** y *status* distintos. El ordenamiento jerárquico de los *status* y roles en términos de riqueza, **ingresos**, ocupación, **prestigio, poder** y autoridad, es la base de la ES, rasgo universal de toda sociedad. Los individuos compiten entre sí para ocupar los lugares más altos de le ES de acuerdo con sus méritos. Esa motivación individual es la que permite a la ES mantenerse en equilibrio. El funcionalismo utiliza categorías difíciles de fijar claramente, como "posición más importante" o "las personas más calificadas" y no presta atención a los conflictos sociales y políticos. **Weber** distinguía tres dimensiones de jerarquía social, todas igualmente importantes: el poder económico centrado en las oportunidades en el **mercado**, es decir, en la capacidad de disponer de **bienes** y de obtener **dinero** (estratificación en **clases**), el poder político, en el sentido de la capacidad de un individuo para influir e imponer su voluntad sobre los demás (estratificación en **partidos**) y el **honor** social o prestigio que otorga llevar adelante determinado estilo de vida, tener cierta **educación** y origen familiar y donde no importa tanto *cuánto* o *qué* se tiene sino *cómo* se lo usa (estratificación en **estamentos**). Desde el punto de vista de la ES, el **marxismo** plantea la existencia de dos **clases** fundamentales -**proletariado** y **burguesía**- que son **clases en sí** en cuanto comparten una misma disposición en la **estructura** económica –como resultado de la **división del trabajo**- y su implicancia política, pero se convierten en **clases para sí** al tomar conciencia de su **situación de clase**. Mientras que el funcionalismo se propone mantener la ES –ya sea reproduciéndola o modificándola en aspectos no esenciales- el marxismo tiene como meta su destrucción revolucionaria. Históricamente, podemos distinguir tres tipos centrales de ES: 1- **Castas**: en el **sistema** de castas predomina la adscripción del **individuo** a un **grupo** y el carácter cerrado de éstos, en el marco de una sociedad estática, donde no existen posibilidades de pasaje de un estrato al otro. Por ejemplo, desde 1.500 a.C. en la **India** la estratificación por castas ubica en la cima a los sacerdotes y sabios, debajo a los **reyes** y militares, más abajo a los comerciantes, luego a **obreros**, **artesanos** y **esclavos** y finalmente a los **parias** (aquellos carentes de casta alguna), 2- Estamentos: en el sistema de estamentos existe una fuerte adscripción a un determinado *status* pero a diferencia de las castas aquí es posible cierta **movilidad social**. La diferenciación de funciones está fijada legalmente y por la **costumbre**. Por ejemplo, en el **feudalismo** la ES se basaba en la **propiedad de la tierra** y se podían diferenciar distintos estratos, llamados estamentos: reyes, **aristocracia terrateniente**, **clero**, **mercaderes**, artesanos y **siervos**, 3- Clases: desde la **Revolución Industrial** surge una forma de ES revolucionaria, donde la movilidad social –tanto vertical como horizontal- crece enormemente, predominando el *status* adquirido por sobre el status adscripto y la competencia entre los individuos.

Estrato: **Grupo o capa** que forma parte de un todo del cual se diferencia, pero que es homogéneo en su interior. **E social (funcionalismo):** Cada una de las **capas** sociales de la **estratificación social**, con un conjunto de **roles** y *status* homogéneos. Hay tres ES: alto, medio y bajo. Los **grupos** se clasifican según distintos niveles de **educación**, ingreso, **consumo**, **poder**, actitud **política**, estilo de vida, **prestigio**, etc. Los criterios para establecer la importancia de cada una de esas características en la ES son subjetivos y dependen de las escalas de valor de cada **sociedad**. Lo único que une a los **individuos** en un mismo ES o **clase** no es su conciencia de solidaridad, sino tener pautas de comportamiento parecidas.

Estructura: Principales acepciones: 1- (**estructuralismo**): Según C. **Lévi-Strauss**, conjunto constituido por elementos relacionados entre sí que forman una totalidad, fuera de la cual no puede comprenderse a cada parte individualmente. El aporte más original del pensamiento levistraussiano es su afirmación de una E universal, común a todas las sociedades humanas, subyacente a la diversidad de **culturas** concretas, una suerte de esqueleto común. En general, se diferencia del **sistema** en que la E trata de explicar fenómenos no observables directamente (es un **modelo** lógico para analizar y representar situaciones **empíricas**), aunque también se habla de E como del orden en que están distribuidos los elementos de un sistema. Así, son ejemplos de E el **complejo de Edipo**, el mecanismo capitalista de la **plusvalía** o la **prohibición del incesto**. Según el **funcionalismo**, la E es la parte estática del **sistema social**, que se forma en relación con pautas organizativas que originan adhesión al sistema. La E es considerada como la red visible de las relaciones sociales donde los fenómenos culturales visibles son analizados para determinar su funcionalidad. Según el **marxismo**, la E es el conjunto de las relaciones materiales y objetivas entre los hombres (ver). A diferencia de Lévi-Strauss, para **Marx** el cambio estructural no siempre genera una auto-reproducción de la E, ya que ésta tiene contradicciones que pueden llevar a su transformación. En **Psicología**, observamos una diferenciación entre las E como todo estático de la *Gestalt* y las E concebidas como **proceso cognitivo** en la **Psicología genética** de **Piaget**, 2- (**Karl Marx**): Suma de las **relaciones de producción** en una **sociedad**, base real o material sobre la cual se levanta una **superestructura** legal y política, y a la que corresponden determinadas formas de **conciencia** social. En el *Prólogo a la contribución a la crítica de la economía política* de 1859, Marx trató de explicar el funcionamiento de las sociedades con una **metáfora**, analizándolas como si formaran un edificio. Los cimientos del edificio forman la **base** o E, donde se dan todas las relaciones materiales de **producción** y **circulación** (lo que podemos llamar vulgarmente "la economía"). Allí, la **clase** propietaria explota el trabajo de la clase no propietaria. Sobre esos cimientos se construye la **superestructura**, que abarca todas las relaciones no materiales: políticas, represivas, institucionales, legales, ideológicas, culturales, artísticas, etc (en términos vulgares: "la política", "lo jurídico" y "la ideología"). Observemos que el edificio se basa en una visión materialista: según cómo los hombres producen y se relacionan, tendrán determinadas ideas e **instituciones**. De este modo, la clase que domina en la E, usará la superestructura para garantizar el mantenimiento de su **dominación**. Según cómo los hombres se relacionen y produzcan materialmente, crearán determinadas instituciones políticas y jurídicas. Las leyes, las ideas, las instituciones políticas de una época no son caprichosas, sino que se desprenden del grado alcanzado por las **fuerzas productivas**. Por ejemplo, una **ley** de **contrato** de **trabajo** como las que nosotros conocemos, no tendría sentido en una **sociedad** esclavista o **feudal**: sin **propiedad burguesa**, sin **trabajo asalariado**, esa ley no existiría, 3- **E social**: Tom Bottomore la define como "la interrelación sistemática de formas de comportamiento o de **acción** en sociedades particulares" y como el "complejo de las principales **instituciones** y de los principales **grupos de la sociedad**.", 4- Para A. **Radcliffe-Brown**, la E social es el conjunto de "las relaciones existentes, en un momento dado, que ligan entre sí a ciertos seres humanos", siendo estas relaciones de carácter general, al margen de las variaciones y de los **individuos** concretos que aquellas implican, 5- Para el **funcionalismo**, la E social es un **sistema** interrelacionado de **roles** y *status*.

Estructural-funcionalismo (Alfred R. Radcliffe-Brown y Talcott Parsons): Rama del **funcionalismo** que explica el funcionamiento de las **instituciones** sociales (las partes) a partir de aspectos sociales y culturales globales (el todo). El concepto de **estructura** es tan importante como el de **función**. La **estructura social** resulta ser un **sistema** de posiciones sociales, una disposición ordenada de **individuos** en relaciones institucionales controladas, definidas y estables. Así, por ejemplo, la **política**

o las relaciones de **poder** se explican a partir de las instituciones del **parentesco**. El E-F opera en la realidad a través de un relevamiento de **datos** con el objetivo de solucionar problemas y garantizar la estabilidad social. Según **Parsons**, la racionalidad de la **acción social** (orientada por motivos o por **valores**) se basa en la interacción armónica existente entre estructura o sistema y función. El sistema se conforma con tres subsistemas: de la personalidad individual, cultural o normativo-axiológico y medio ambiente físico. Además, existen ciertos imperativos funcionales: adaptación al medio (de la que se encarga la **Economía**), consecución de los fines del sistema (**política**), integración (**educación**) y mantenimiento de pautas de equilibrio u **homeostasis** (**leyes** y justicia).

Etapas evolutivas (Augusto Comte): 1- **teológica:** Primer estadío de las etapas evolutivas del hombre, identificado con la **Edad Media**, en la que aquel explicaba los **fenómenos** recurriendo a divinidades imaginarias. Todo poseía una **causa** divina. En lo político y social, la ET representaba al **Estado católico feudal** y se identificaba con el **concepto** de orden, 2- **metafísica:** Segundo estadío de las etapas evolutivas del hombre, identificada con los siglos XVII y XVIII, en el que aquel recurría a consideraciones abstractas y racionales sin fundamentos **empíricos** que demostraran la naturaleza de los **fenómenos**. **Política** y socialmente, la EM es considerada un punto de transición que **Comte** vincula con la **Revolución Francesa**, 3- **positiva:** Tercer y último estadío de las etapas evolutivas del hombre, donde éste llega por fin al control de la **ciencia**, regulada por la **observación** y la **experimentación**, superando la fe y la razón de la **etapa teológica** y la **etapa metafísica**. Política y socialmente, la EP se identifica con la **democracia**, el **liberalismo** y el **progreso**, a partir del siglo XIX.

Etnia: Grupo que –además de la **raza**– comparte fenómenos tales como la **religión**, el idioma, el origen nacional, la **cultura**, etc, en el marco de una cultura mayor –por ejemplo, el caso de un **Estado** nacional o el de los **migrantes** que van hacia otros países– de la que forman parte junto con otros grupos. Se trata de un conglomerado social capaz de reproducirse biológicamente, que reconoce un origen común, cuyos miembros se identifican entre sí como parte de un "nosotros" distinto de los "otros" y que comparten ciertos elementos, **costumbres** y rasgos culturales, entre los que tiene especial relevancia la **lengua**. La identidad étnica surge por contacto interétnico, por oposición y contraste con otros grupos. De este modo, se distingue de la raza en que la E refiere a una realidad que excede a lo biológico, incorporando dimensiones sociales y culturales.

Eufunción (funcionalismo): Función positiva que mantiene y optimiza el equilibrio de una **estructura social**. Opuesto: **disfunción**.

Eunomia (estructural-funcionalismo): Situación producida cuando todos los componentes del **sistema** social actúan de tal modo que se produce una adecuada armonía o solidaridad al interior de una **estructura**, produciéndose una unidad funcional. Opuesto: **anomia**.

Exclusión social: Situación en que un **individuo** se encuentra fuera del **mercado** laboral (**desempleo** de larga duración) y de **consumo**, o en estado de **pobreza**, o sin techo, o sufriendo un conjunto de características de precariedad. La categoría ha sido objetada desde el **marxismo** planteando que los "excluidos" son parte integrante y necesaria del **ejército industrial de reserva** que el **capitalismo** necesita para deprimir el **salario** y debilitar a la **clase obrera**. (Ver también **marginalidad**).

Exogrupos: Grupos que un **individuo** considera ajenos, diferentes y en algunos casos antagónicos con los propios. Por ejemplo, un barra brava de Racing, para un barra brava de Independiente o el club de jubilados de su abuelo para un adolescente.

Experimento de campo: Técnica científica por la que se analizan situaciones reales dadas (por ejemplo, la vida de una **empresa**) en las que se controlan y manipulan algunas **variables**. El EDC es un punto intermedio entre el **laboratorio** –propio del **método experimental**– y el **campo** –propio del método no experimental–. Por ejemplo, se mostró que el café disminuye la capacidad de trabajar en grupo por medio de un EDC en el que se manipuló una única variable: la ingesta de café, manteniendo a los sujetos en su contexto de trabajo por lo demás no modificado.

Explosión demográfica: Rápido incremento de la **población** de una región. Entre las causas de la ED están las mejoras sanitarias y alimenticias. Sin embargo, y contradictoriamente, los países con mayor **densidad de población** mundial son los **países subdesarrollados.**

Explotación: Relación en la que una de las partes sale ganando a costa de la otra. **Marx** establece que la **E del hombre por el hombre** obedece a determinadas **relaciones de producción** de carácter histórico, basadas en la **división del trabajo**, la **propiedad privada de los medios de producción** y la formación de **clases sociales** antagónicas. En el capitalismo, la E se concreta en el **trabajo excedente**, aquella parte del **trabajo** que el **obrero** realiza en forma gratuita para el **capitalista**. Lo que el **marxismo** impugna no es el maltrato laboral o una **salario** bajo sino la relación social del **trabajo asalariado** en sí, considerando que el capitalista le roba al obrero: éste crea un **valor** y no recibe nada a cambio.

Externalización: Proceso de creación de la **sociedad** a partir de la **acción** humana. Cuando los productos humanos se separan de sus creadores adoptando un carácter de **objetividad**, se habla de **objetivación.**

Extracción social: Origen o pertenencia social de una **persona** o **grupo**; en términos weberianos, su **situación de clase** o **prestigio.**

F

Fábrica (fines del siglo XVIII →): Forma de organización de la **producción capitalista**, caracterizada por el uso de máquinas en un taller, la **energía** no animada, la creciente **división del trabajo**, el **trabajo asalariado** y una rígida disciplina laboral. La F fue quizá la innovación más relevante de la **Revolución Industrial**. El **sistema** fabril desplazó a la **industria artesanal** y a la **industria a domicilio** como forma productiva fundamental.

Facilitación (Harvard Allport, 1918): Influencia que ejerce el **grupo** sobre un **individuo** con el fin de que éste internalice un **rol.**

Falsa conciencia (Karl Marx): Situación de **dominación** a la que son sometidas las **clases** dominadas de una **sociedad**, producida por su adhesión a la **ideología** de la **clase dominante**, la cual presenta sus intereses de clase como si fueran los intereses de toda la sociedad. Por ejemplo, diversos análisis coinciden en que la FC fue decisiva para que los **trabajadores** de los países beligerantes en la **Primera Guerra Mundial** apoyaran la política **imperialista** de sus respectivas **burguesías** en nombre del **nacionalismo.** (Ver también **alienación**).

Familia: Según la definición de **Aristóteles**, es toda **comunidad** constituida por naturaleza. Para **Hegel**, es el espíritu inmediato o natural, a ser superado por la **sociedad civil** y especialmente por el **Estado**. En **Lévi-Strauss**, la F se origina en el **matrimonio**, se forma de éste más los hijos y otros parientes cercanos y está unida por vínculos económicos, legales, religiosos, psicológicos y amorosos, estructurándose a partir de la **prohibición del incesto**. En la **historia** hay una multiplicidad de modelos familiares, como las **F** patriarcal, matriarcal, monogámica, poligínica, poliándrica, **monoparental, nuclear, ampliada**, etc. En la moderna **Sociología**, la F es el elemento clave de la llamada **socialización primaria**. Acepciones del concepto: 1- **ampliada: Grupo** familiar compuesto por padres e hijos pero a los que se suman otros parientes que comparten un mismo techo e igual alimentación y **educación**. Se opone al concepto de **familia nuclear**, 2- **compuesta: Familia** formada por un hombre, varias esposas y sus hijos, 3- **conjunta: Familia** formada por varios hermanos y sus respectivas esposas e hijos, 4- **monoparental: Grupo** familiar en el que los hijos viven con uno solo de sus padres, 5- **nuclear:** En general, es el **grupo** familiar compuesto por dos adultos y sus hijos. En particular, la FN es el **modelo de familia** de la **sociedad** industrial occidental en el siglo XX: la FN estaba formada por el padre que trabajaba afuera, la madre ama de casa y dos hijos menores. A veces también llamada "**familia tipo**" (aunque es un caso de ésta), se opone al concepto de **familia ampliada**, 6- **tipo:** Forma de organización familiar que predomina en una **sociedad** determinada. Por ejemplo, en la sociedad occidental moderna la FT se identifica con la **familia nuclear**.

Fetichismo de la mercancía (Karl Marx):

Fenómeno del **modo de producción capitalista** que hace aparecer a los **productos** del **trabajo** humano como **mercancías** -o sea **valores**- de modo que el trabajo particular de cada **trabajador** se oculta entre las cosas, como trabajo humano indiferenciado. Según **Marx**, FM significa que las cosas, los productos del trabajo humano, son vistos como si tuvieran vida propia e independiente de quien las hizo con su trabajo, ocultando una relación social de **explotación** donde la **clase capitalista** vive sin trabajar acumulando **capital** en base al trabajo ajeno, al trabajo de la **clase** trabajadora. Es decir que el FM implicaría una **cosificación** de las **relaciones sociales de producción**: el ocultamiento de las relaciones entre los hombres detrás de la relación entre cosas.

Feudalismo (siglos V-XIV): Relaciones de producción dominantes en la mayor parte del **territorio** europeo, basadas en un juramento de fidelidad y dependencia entre un **señor** y un **vasallo** (relación de **vasallaje**) o un **siervo de la gleba** (en este último caso tenemos una relación de **servidumbre**), constituyendo una cadena de lealtades y obligaciones (un señor tenía vasallos y siervos, pero podía él también ser vasallo de otro señor más poderoso o de un **Rey**). El **campesino** era un productor directo propietario de los **medios de producción** (arados, hoces y animales de tiro) que trabajaba la **tierra** con su familia para subsistir, estando obligado a dar sustento a la **nobleza**, el **clero** y otros sectores que no trabajaban. El F surgió de las cenizas del Bajo **Imperio Romano**, cuando en el siglo III se desmembraron la **so-**

beranía, la **monarquía**, el **Estado** y las formas de **propiedad** que sostenían al **modo de producción esclavista**, lo que –junto con las invasiones bárbaras de **visigodos**, burgundios y **francos**– fueron generando una dispersión de los ejércitos, las **monedas** y demás atributos del **poder** político. Esta es la explicación de los autores "románicos", mientras que otra corriente –los "germánicos" - sostiene que la **propiedad** feudal deriva de las **comunidades** agrarias germánicas. En la última fase romana, surgió una forma de propiedad que fue reemplazando al **esclavismo**: el "colonato", por el cual cada lote de tierra tenía dos dueños, el propietario y el colono, que se debían prestaciones recíprocas. Esta sería una de las formas que llegaron hasta el F. La otra fuente de la propiedad feudal fue el "beneficio", tierra entregada –muchas veces, a falta de **dinero**– por un rey o líder militar bárbaro a sus soldados y demás colaboradores. El F tiene su origen en **sociedades agrícolas** donde los pequeños propietarios de tierras –sin protección de un Rey y con el fin de defenderse de ataques externos– solicitaron la protección de jefes guerreros, los cuales se convirtieron en señores. Así, en el F, el siervo o campesino forma una unidad indivisible con una pequeña parcela de tierra propia –el **feudo**– cedida por el señor feudal por la prestación de servicios, pero aquel se ve obligado a trabajar de manera gratuita para éste, al que le debe fidelidad, a cambio de la protección que éste le brinda en una relación de dependencia personal. Este trabajo es un **tributo** que el siervo paga debido a una **coacción** que el señor ejerce

fundándose en su **poder** militar, económico y político sobre sus territorios o **jurisdicción**. El F se basa en la comunidad local, a pequeña escala, donde la **producción** se subordina a las necesidades de la comunidad –**economía de subsistencia**–. Conjuntamente con el feudo existen la **agricultura** comunal de campo abierto y la **producción** de géneros y servicios para su uso en aquel. La entrega de tributos impedía al siervo acumular y producir un **excedente** significativo. Otras características del F son: la ausencia de una autoridad central –el poder político se apoyaba en la propiedad de la tierra–, una **cultura** religiosa y tradicionalista y un orden social jerárquico e inamovible. Durante el F, la **Iglesia** era propietaria de la tercera parte de las tierras, pero además controlaba la **educación** y la **ideología**, siendo la única organización centralizada. Otras clases existentes en el F eran los *cotarii* y los *bordarii*, clases inferiores sin **tierra** suficiente para trabajar por su cuenta. Según **Marx**, el F es un **sistema** de producción para el uso, del que no surge una necesidad ilimitada de **plustrabajo**. Uno de los impulsores más importantes del F fue el **Imperio Carolingio**. El F fue el **modo de producción** dominante –en Europa, en primer lugar, más algunos países como Japón a partir del siglo XII– durante toda la **Edad Media** (su **auge** se dio entre los siglos IX y XIV, con su punto culminante en los siglos XI-XII, momento de mayor debilidad de los reinos de Europa) aunque siguió habiendo formas feudales en diversos países al menos hasta el siglo XVIII. Desde el siglo IX en Europa se generalizó la servidumbre, por la cual los campesinos debieron dar una parte de su cosecha a cambio de protección (**censo**) o trabajar la tierra del señor en las épocas de cosecha o vendimia. También debían pagar en **moneda** o con productos (por ejemplo, reses) para casarse o para "heredar la condición servil". Su declinación está ligada, entre otras **causas**, al **desarrollo** del **campesinado** libre, de las artesanías y del **comercio** y de la división entre el campo y la ciudad, con el progreso de los transportes. Esto se expresó en un aumento de la **demanda** de **bienes** de **consumo** por parte de los señores feudales, y posteriormente con las migraciones a los **burgos** o ciudades y el aumento de la **población**. Con el surgimiento de las **monarquías absolutas** y la formación de los **Estados nacionales** –hacia el siglo XV–, el F entró en su fase de decadencia definitiva. Maurice Dobb establece como distintivo del F las siguientes características: a) instrumentos de producción muy sencillos, b) producción mayoritariamente individual –por tratarse de una etapa atrasada de la **división del trabajo**–, c) la producción satisface las necesidades del **grupo** familiar o de la aldea pero, d) no hay un **"mercado"**, e) se cultivan las tierras del señor feudal como prestación obligatoria, f) descentralización política (feudos autónomos) y funciones judiciales respecto de la población por parte del señor.

Feudo: Del latín *feudum*, "alimento". En el **feudalismo**, cada uno de los **territorios** y posesiones entregados a un **vasallo** por un **señor feudal** –quien ejercía el **poder** político, legal, militar, impositivo, etc–. El F implicaba un **contrato**

por el cual el señor feudal recompensaba con protección y **tierras** o **rentas** en **usufructo** precario la fidelidad y prestaciones personales, militares y **reales** del vasallo. El **vasallaje** medieval se basaba en la constitución del F.

Filiación: Vínculo de una persona con una **familia, clan** o **grupo**. Hay tres tipos posibles de F: **F matrilineal, F patrilineal** y **F bilateral**.

Física social (Saint-Simon): Término utilizado para designar a las **Ciencias Sociales**, a las que **Saint-Simon** entendía como una variante de la física, con sus propias **leyes universales**. Fue desarrollado posteriormente por Augusto **Comte**.

Flexibilidad laboral: Forma de relación laboral **capitalista** donde el **trabajador** debe adecuar sus horas de **trabajo** a las necesidades de la **empresa**, desempeñándose en diversas tareas –**polifuncionalidad**–, y trabajar durante largas horas a una intensidad grande, cuando la empresa lo desea, teniendo momentos de descanso sólo cuando ésta lo disponga.

Formación social (marxismo): Estudio de la combinación histórico-concreta de los modos de producción que coexisten en una **estructura social**, entre los que uno es el elemento dominante y el resto son los residuos de épocas anteriores. Por ejemplo, en el modo de producción **capitalista** actual encontramos residuos del **modo de producción** artesanal. Algunos autores ven a la FES como al conjunto social que agrupa el modo de producción, las **relaciones de producción**, las **fuerzas productivas** y las diversas partes de la **superestructura** –política, ideológica, cultural, etc-.

Foucault, Michel (1926-1984): Filósofo francés. Desarrolló estudios en campos diversos como el **poder**, la locura, la **sexualidad**, las prisiones (sostuvo que la **sociedad** se basa en el **modelo** carcelario del **panóptico**), etc, introduciendo **conceptos** novedosos en áreas como la **Ciencia Política** y la **Historia**. Influido por **Nietzsche**, sostuvo que la **verdad** no existe, sino que es definida en cada época estableciendo un **discurso** dominante que produce ciertos **saberes** y ciertas relaciones de poder, las cuales permiten pasar del castigo a la vigilancia, de ésta a la **disciplina** y finalmente a la auto-disciplina. Aunque se lo ubica dentro del **estructuralismo** por el énfasis que pone en subordinar al **individuo** a las determinaciones de las "redes del poder", su énfasis en el desarrollo histórico de esas redes y relaciones invitan a ser más cautos. Sí es claro su distanciamiento del **humanismo** de **Sartre**: Foucault no ve como éste la posibilidad de que el individuo pueda liberarse de las cadenas que lo atan; puede resistir, sí, pero la resistencia también está prevista por el **sistema** de **dominación**. El acento de su **teoría** no está en el hombre sino en las cosas que lo oprimen y condicionan. Entre sus obras principales encontramos a: *Vigilar y castigar. El nacimiento de la prisión* (1965), *Las palabras y las cosas* (1966), *La verdad y las formas jurídicas* (1976) y *La microfísica del poder* (1978).

Fourier, Charles (1772-1837): Sociólogo francés, uno de los más importantes representantes del **socialismo utópico**. Propuso la creación de comunidades **agrícolas** de **producción** denominadas **falansterios**. Su pensamiento influyó en el **anarquismo**.

Fracciones de clase: Subdivisiones dentro de una **clase social**. Por ejemplo, **burguesía rural, burguesía industrial, burguesía comercial** y **burguesía financiera**. A su vez, al interior de una FC podemos encontrar subgrupos: por ejemplo, en la burguesía industrial existen los grandes industriales y las **fábricas** medianas.

Fratría: Unión de varias *gens* o **clanes**, por lo general con un *tótem* en común. Varias F forman una **tribu**.

Fuentes primarias: Recolección de **información** que un investigador realiza por sí mismo. También se llaman **datos primarios**.

Fuentes secundarias: Datos tomados por otros que un investigador toma en consideración. También llamados **datos secundarios**. Por ejemplo, las estadísticas de un **censo**.

Fuerza de trabajo: Conjunto de facultades físicas, mentales y de **energía** humana dispuesto para la **producción** de riqueza. Para la **economía** ortodoxa, la FT es la parte de la **población** en condiciones de producir, formada por aquellos en edad de trabajar. Incluye a ocupados y desocupados y también se le llama **población**

activa. Para el **marxismo,** en la sociedad **capitalista** la FT es una **mercancía** que presenta la peculiaridad de crear un **valor** mayor (**plusvalía**) al que ella misma posee (y cuyo **precio** es el **salario**). El valor de la FT está determinado (al igual que cualquier otra mercancía) por la cantidad de **bienes** necesarios para su subsistencia y reproducción (alimentación, vestimenta, **educación**, etc).

Fuerzas productivas (marxismo): Suma de los recursos productivos capaces de producir **valor** con los que cuenta una **sociedad.** Son FP la **fuerza de trabajo,** los **medios de producción,** la **técnica** y los instrumentos de **trabajo.** Las FP expresan la relación del hombre con la naturaleza y abarcan también las condiciones naturales, la **división del trabajo social,** así como el territorio y la **población.** La articulación de las FP con las **relaciones de producción** –el régimen de **propiedad** y la **estructura de clases** de una **sociedad**– forman la base de un **modo de producción.** Cuando **Marx** habla del "desarrollo de las FP", esto significa que el hombre logra dar un paso en su dominio sobre la naturaleza, que le permite producir más, en menos tiempo, con menor esfuerzo y mejor calidad. Por ejemplo, usar una piedra para golpear, una **técnica** nueva para sembrar, la aparición del tractor, la máquina de vapor, la computación, son todos ejemplos del desarrollo –en distintas épocas– de las FP.

Función: En Sociología encontramos las siguientes acepciones: 1- Relación que existe entre los valores de dos o más **variables.** Decir que una variable es F de otra equivale a afirmar que la primera (**variable dependiente**) depende de la segunda (**variable independiente**). Por ejemplo, la F de las **leyes** en la **sociedad.** (Ver **conectivas**), 2- (**funcionalismo**): Papel o **rol** que juega una parte en el mantenimiento y reproducción de un todo. Actividad que satisface las necesidades de un organismo, biológico o social. Contribución de cualquier aspecto social o cultural para la supervivencia, persistencia, integración o estabilidad de la **sociedad** como un todo. B. **Malinowski** la definió como la satisfacción de necesidades por medio de una actividad en la cual los seres humanos cooperan, usan utensilios y consumen **mercancías.** Así, la visión **funcionalista** pone el énfasis en la adaptabilidad de las **instituciones** al contexto social. Según M. **Harris,** es el modo en que contribuyen en el mantenimiento, **eficiencia** y **adaptación,** las ideas, pautas de conducta y artefactos de un **sistema** cultural. **Merton** distinguió la **F manifiesta** de la **F latente** y opuso la F positiva (**eufunción**) a la **disfunción** o F negativa (ver), 3- **social (funcionalismo):** El **concepto** apareció por primera vez en *Las reglas del método sociológico*, de **Durkheim,** para quien los **fenómenos** deben ser vistos en términos de interconexiones de funcionamiento y no como unidades separadas. La **F** está ligada a las consecuencias **objetivas** observables de los fenómenos sociales, tales como pautas culturales, **instituciones, roles,** *status* y relaciones sociales. Cualquier regularidad o "ítem estandarizado" (pautado y repetitivo), puede ser sometido a análisis funcional, 4- **social de la propiedad:**

Concepto defendido por la **Doctrina Social de la Iglesia** y otras corrientes de pensamiento, que plantea que el derecho a la **propiedad privada capitalista** no debe ser ilimitado, sino que debe estar condicionado al aporte que ese capital privado haga en función del **interés general**, 5- **latentes (Robert Merton):** Categoría de la **sociología funcionalista** que define a las funciones que son el resultado de acciones inconscientes por parte de los **actores sociales**. Por ejemplo, compramos ropa para identificarnos con un **grupo social** (*hippie*, punk, ejecutivo, deportivo, etc) y diferenciarnos de los demás grupos. Como plantea **Merton**, el análisis de las FL que cumplen "pautas sociales aparentemente irracionales", como la **magia** o la superstición, hace posible explicar su permanencia. Y lo mismo para pautas reprobadas como la prostitución, el juego o la **corrupción**; si están y se mantienen es porque cumplen alguna **función**, probablemente latente (se las identifica también como "consecuencias no queridas"), 6- **manifiestas (Robert Merton):** Categoría de la **sociología funcionalista** que define a las **funciones** que los **actores sociales** conocen y procuran realizar. Son FM las consecuencias **objetivas** para la **sociedad** o cualquiera de sus partes que son "queridas y reconocidas" por las personas implicadas. Por ejemplo, compramos ropa para protegernos. Opuesto: **funciones latentes.**

Funcionalismo (Inglaterra / EE.UU., 1920 →): Corriente de la **Sociología** y la **Antropología** surgida en el marco del **proceso** colonizador europeo. Como reacción frente al **evolucionismo** y con influencias del **biologicismo**, el F estudia a la **sociedad** como a una **estructura** orgánica integrada o unidad funcional, donde todas las **instituciones** existen porque cumplen y satisfacen una **función**. En el **sistema** social, los objetivos se materializan en relación con determinadas funciones: de adaptación, logro de metas, mantenimiento de pautas de intervención interna e integración. Esta corriente desecha todo análisis histórico y postula la construcción de una **ciencia** social **positivista**. En el F se distinguen tres etapas: el F antropológico (**Radcliffe-Brown** –vinculado al **estructural-F**- y **Malinowski** –más ligado al F cultural-), y las sociologías de **Parsons** (referente también del estructural-F), **Merton (funciones manifiestas y funciones latentes)** y Davis (teoría funcional de la **estratificación social**), tomando además elementos de la **Psicología** de la *Gestalt*. El F ha estado asociado a una visión **conservadora** de la sociedad, especialmente fuerte en **EE.UU.** Entre sus ideas principales se encuentran: el planteo de que los **fenómenos** sociales se entienden desde el punto de vista de la funcionalidad, que esos fenómenos pueden clasificarse por medio de regularidades y leyes y la utilización del **método comparativo** y el **inductivo** en la búsqueda de leyes que tiendan a **generalizaciones** (denominado generalización por comparación). Radcliffe-Brown entiende a la **estructura social** como una ordenación de individuos en relaciones definidas y hace referencia a una ordenación de actividades, dónde cada **individuo** cumple un papel o **rol.** Así, las relaciones sociales están definidas por el proceso social y en toda relación social las personas están determinadas por **normas** o reglas que tienen como objetivo el mantenimiento del orden en la vida social. Parsons plantea que el sistema cuenta con los mecanismos necesarios para restablecer el **equilibrio**, que no peligra mientras no se cuestionen sus valores inherentes. Parsons entiende al hombre como un ser vacío el cual es "llenado" por la sociedad. Entonces, el hombre es completamente social y el conflicto entre él y la sociedad es mínimo (fenómeno llamado **disfunción**, que desarrollará Merton). Desde la Sociología Política, S. Lipset desarrolló la cuestión de la **legitimidad** y la **legalidad** como bases de la estabilidad de las **democracias** occidentales, mientras que D. Bell analizó lo que dio en llamar el "fin de la **ideología**".

G

Gens: Organización social primaria basada en la gen o grupo consanguíneo. Conjunto de varias **familias**, unidas por un antepasado común. Varias G forman una **fratría**. Las G fueron el núcleo social de Grecia y Roma antiguas.

Germani, Gino (1911-1979): Sociólogo italiano radicado en la **Argentina**, uno de los referentes de la **Sociología de la modernización**. Realizó numerosos estudios referidos a temas tan diversos como la **sociedad de masas**, los **inmigrantes**, los procesos de **modernización**, el **totalitarismo**, el origen del **peronismo**, el **Psicoanálisis**, entre otros. Entre sus obras principales encontramos a: *Política y sociedad en una época de transición. Argentina, sociedad de masas.*

Giddens, Anthony (1928 →): Sociólogo británico, postuló la combinación de elementos de autores diversos, como **Durkheim**, **Weber**, **Marx** y **Parsons**, destacando la importancia de considerar las relaciones entre los elementos objetivos (**estructuras**) y subjetivos (**sujetos**) de la **acción social.** Como asesor del **Primer Ministro** Tony Blair, desarrolló la llamada **Tercera vía**, camino intermedio entre el **Estado de Bienestar** y el **neoliberalismo**.

Globalización (1980 →): Según algunos autores como B. Coriat, la G es la etapa productiva que se caracteriza por la extensión constante del **mercado** mundial, expresada en la expansión territorial creciente y en la transformación ascendente de las actividades productivas. Desde una posición **marxista**, J. Hirsch ha sostenido que la G es una forma de la **lucha de clases**, donde las **empresas transnacionales** explotan a su antojo en cualquier parte del mundo a la **población**, gracias a **tecnologías** que les permiten realizar esto. Características: a) una creciente internacionalización comercial y productiva que se manifiesta en el **auge** de los intercambios de **bienes** e inversiones en el extranjero, b) la intensificación del **proceso** de **mundialización** de la economía con la aparición de empresas y redes empresarias estrictamente transnacionales, sin una ubicación nacional predominante, que desarrollan un **mercado**, una financiación y una gestión de decisiones a nivel planetario, c) la exacerbación de la **competencia** internacional, intensificada por las rivalidades entre los vértices de una tríada económica (**Estados Unidos, Japón** y Europa Occidental), d) la reestructuración cada vez más rápida de los aparatos productivos, como consecuencia de la aparición de nuevas **técnicas** y del repliegue industrial a escala mundial y, e) la reducción de la capacidad reguladora de los **Estados nacionales.**

Gobierno: El término proviene de la palabra griega *kybernao*, "dirigir el timón". Cabeza de la administración **política** del **Estado.** Así, el G es el timonel de la nave, la **función** identificadora de la actividad política, su núcleo. La función principal del G es adoptar decisiones políticas, obligatorias para toda la **sociedad** bajo amenaza del uso de la violencia estatal física, legítima y monopólica. Desde este punto de vista, el G es el que decide y la **burocracia** o administración es la que ejecuta. Para una visión **funcionalista**, el G incluye a las **estructuras** de toma de decisión, lo que implica incluir a los poderes ejecutivo y legislativo. Es el G "en sentido amplio", de aquellos a los que se les confía el ejercicio, administración y control del **poder** político. Desde esta postura, **Poder Ejecutivo, Parlamento,** jueces y hasta burocracia forman parte del G. En otra visión, hay un órgano especial de toma de decisiones: el Poder Ejecutivo, el "G en sentido estricto".

Gramsci, Antonio (1891-1937): Político y teórico marxista italiano, fundador del **Partido Comunista** de **Italia** y uno de los renovadores más importantes del **marxismo.** Se propuso adaptar el pensamiento leninista a las condiciones específicas de **Italia**, país dividido entre el norte industrial desarrollado y el sur agrario atrasado. Los **obreros** industriales del norte (especialmente los de la Fiat de Turín, los que organizaron el *bienio rosso* de los consejos de **fábrica**, organismos de **doble poder** equivalentes a los *soviets* rusos) debían guiar política e ideológicamente a los **campesinos** del sur hacia la **revolución.** En este sentido, la tarea central del partido revolucionario –el **"príncipe moderno"** – consiste en concientizar a las **masas** para cambiar la **estructura** económica capitalista, eliminando la **falsa conciencia** impuesta por **burguesía** y creando una nueva **hegemonía** –una **contrahegemonía**-, con la **clase obrera** a la cabeza de las clases subordinadas (los campesinos, los sectores medios, etc), concepto que ya había utilizado **Lenin.** Una revalorización del papel de la **política**, la **cultura** y la **ideología** –aquella **superestructura** subestimada por el **economicismo** y el **marxismo vulgar**- son pilares de la visión gramsciana. La **dominación** capitalista se da en G a través de dos vías: la **coerción**, encarnada en la violencia del **Estado** o **sociedad política** (el aspecto subestimado por el **reformismo)** y el **consenso**, a través de la **ideología** difundida en la **sociedad civil** –el conjunto de **instituciones** que se dedican a la **socialización**, como la **Iglesia**, los **medios de comunicación,** la escuela, etc-. El resquebrajamiento de esa dominación se manifiesta en una **crisis de hegemonía** o **crisis orgánica**, momento propicio para la lucha por transformaciones sociales y una **reforma intelectual y moral**.

Gran industria automática (Karl Marx, siglos XVIII-XX): Tercer estadio de la **producción capitalista**, la **industria moderna**, basada en el reemplazo de la herramienta y la habilidad del **obrero** por la máquina. Si la **cooperación simple** implicaba el uso de herramientas de la misma clase y la **manufactura** se basaba en la combinación de herramientas de distinta clase, la GIA representó a la máquina ejecutando sin la ayuda del hombre todos los movimientos necesarios para elaborar la **materia prima** (aunque el hombre la vigile e intervenga de vez en cuando). Así, tenemos un **sistema** automático de maquinaria cuando la producción se divide en fases, todas conectadas a través de máquinas, logrando continuidad y reducción de las interrupciones. La máquina-herramienta –el conjunto de herramientas articuladas entre sí- reemplaza al obrero que opera con su herramienta, aumentando enormemente la **división del trabajo** por el desarrollo de la **producción en serie**, como fue el caso de la industria automotriz en el siglo XX (que, por supuesto, Marx no alcanzó a conocer). Surge así la **fábrica**, es decir, el **sistema** de producción que adapta el **trabajo** humano a la máquina. Para ello es necesaria la apropiación de los conocimientos científicos en manos del **capital**. En la GIA, los **obreros** pierden sus oficios y pasan a ser simples auxiliares de las máquinas, que determinan las formas y ritmos de **trabajo**, con una subordinación y una degradación aún mayores que bajo la manufactura. En el sistema

de la GIA, según **Marx**, la distribución de obreros entre los trabajos ya no dependía de sus habilidades específicas, como en la manufactura, puesto que ahora sólo era necesario desarrollar una capacidad general, la de entender máquinas. Lo que se requería era un **conocimiento científico**-práctico, accesible a cualquiera (incluidos mujeres y niños) con un poco de **educación**, y no una habilidad manual muy larga de adquirir y difícil de readaptar a otra **función**. En vez de estar atado de por vida a una herramienta, con la GIA el obrero queda encadenado a una máquina repitiendo continuamente una tarea parcial. Así, se consuma su sujeción a la fábrica y a su dueño, el **capitalista**. El objetivo central de la GIA, por ende, fue el de aumentar la **plusvalía** al reducir la parte de la jornada de trabajo que el obrero necesita para sí (**trabajo necesario**) y alargar el **trabajo excedente**. Así, el desarrollo de máquinas que no requerían gran esfuerzo de manejo permitió prolongar el día laboral (**plusvalía absoluta**) y aumentar la **productividad** del trabajo produciendo más **mercancías** en igual cantidad de tiempo (**plusvalía relativa**).

Gratificación (funcionalismo): Mecanismo que premia los comportamientos socialmente esperados que reproducen el **equilibrio social**. En **Psicología**, **Thorndike** planteó la **ley de efecto** por la cual se puede prever en forma probable la repetición de una **conducta** a partir del uso de la G (por ejemplo, si pedimos a un perro que salte y le damos una galletita, esa G nos permitirá pronosticar que saltará de nuevo motivado por la obtención de otra galletita).

Grupo: Según la **Psicología social**, un G tiene las siguientes características: a) tiene un espacio y tiempo determinado, b) para que haya G debe producirse intercambio y comunicación entre sus miembros, c) sus miembros tienen conciencia de intereses comunes entre ellos y un fin en común. Para **Pichon Rivière**, el G es una **estructura** de acción, una estructura de operación. Didier Anzieu distingue entre **G primario, G secundario, banda, muchedumbre** y **agrupamiento**. Robert **Merton** distingue los **G de pertenencia** y los **G de referencia**. Algunas acepciones: 1- **focal:** También llamado **G de discusión**, está formado por un conjunto de personas convocadas por un investigador para que respondan a ciertas preguntas, generando además vínculos entre los miembros del G. El investigador trata con ello de que los entrevistados se expresen y expongan discursos espontáneos, cosa que es más difícil de lograr en una **entrevista** individual, 2- **primario (Didieu Anzieu): G** humano con un número pequeño de miembros, donde cada uno de ellos es reconocido por los otros como ser individual (relación cara a cara) y estas individualidades se fusionan en un todo común, en un marco de gran comunicación inter-individual (frente a frente). Persiguen de modo activo y en común los mismos **objetivos** asumidos como objetivos del G, pero que para cada uno tienen un valor particular. En el GP existe cierto orden o estructuración, donde cada miembro ocupa un **rol** diferenciado. El G pequeño constituye

normas, signos, creencias y **ritos** propios (por ejemplo, **lenguaje** y **códigos** del G). Se trata de un "nosotros" que surge espontáneamente, lo cual implica sentimientos de simpatías e identificaciones mutuas que aportan al **individuo** una experiencia primitiva de lo que es la unidad social. La familia es un ejemplo típico de GP, en cuanto a los intercambios afectivos intensos que se producen, la identidad que dentro de ellos se obtiene, los roles diferenciados, las prosecuciones de fines comunes. Otros ejemplos: la brigada, el bando, la barra de amigos, el **clan**, el colegio, la comisión, la **comunidad**, la secta, el cuerpo, el equipo, el núcleo, el tribunal, etcétera, 3- **secundario (Didieu Anzieu):** Organización o **sistema** social que funciona regido por **instituciones** (jurídicas, económicas, políticas, etc) dentro de un segmento particular de la realidad social (**mercado**, administración, deporte, **investigación** científica). Por ejemplo, una **empresa** industrial, un hospital, una escuela, un **partido político**, son G. Poseen un conjunto de **estructuras** de funcionamiento con tareas en común que rigen las interrelaciones entre las partes que las componen (servicios, talleres, comités), determinando los **roles** de las personas. En el G, las relaciones entre los **individuos** son más distantes e indirectas; por lo general, formales, frías e impersonales, es decir, relaciones puramente **objetivas** y funcionales, mediadas por **símbolos**. Las acciones comunes son importantes y planificadas porque hay elevada conciencia de las metas. Se componen por lo general de un gran número de personas y son duradero, 4- **social: G** de personas unido por determinadas relaciones sociales. Cuando en un G esas relaciones se estructuran en torno de lealtades y afectos personales se trata de un **G primario** (por ejemplo, la **familia** o las amistades), mientras que si lo que predomina es el agrupamiento formal como medio racional para alcanzar determinados fines comunes, hablaremos de **G secundario** (por ejemplo, una **empresa** o un **partido político**). Otra clasificación refiere a las categorías de **endogrupos** y **exogrupos**, 5- **de interés:** G unidos en base a un fin determinado y que tienen opiniones comunes. Hay tres tipos de GI: **G de tensión, G de presión** y **G de poder**, todos formados en torno a un interés común de sus integrantes y actuando en relación con el **poder** político, pretendiendo participar en éste a través de la influencia o la decisión. Los G que se limitan a solicitar quedan excluidos de los GI. Los GI actúan como G de presión cuando actúan sobre los órganos gubernamentales para obtener una decisión **política** concreta favorable a sus intereses económicos. Y pasan a ser **factores de poder** cuando gravitan sobre la **estructura** gubernamental, en lo que se llama **gobierno invisible**, 6- **de pertenencia** (Robert Merton): G de los que un **individuo** forma parte con regularidad. Se comparten rasgos, valores, convicciones, costumbres, etc., que producen identificaciones entre los integrantes, desarrollándose sentimientos de pertenencia. Por ejemplo, una banda de adolescentes, 7- **de presión: G de interés** que aspiran a obtener decisiones favorables a sus intereses por parte del **gobierno** coaccionando o presionando

directamente sobre el **poder**, aunque dentro de los marcos legales (como es el caso del *lobby*; cuando no lo hacen, se convierten en **G de tensión**). A diferencia del **partido político**, el GP no tiene la pretensión de gobernar (aunque pueden convertirse en **factores de poder**, como las **FF.AA.** o la prensa). Otros autores los distinguen también de los partidos políticos porque –según su visión- los GP expresan intereses sectoriales y los partidos políticos tienen planteos dirigidos a toda la **sociedad**. Sin embargo, la vinculación económica y social de los partidos políticos con determinadas **clases** y G sociales debilita esta distinción. Los GP pueden ser organizaciones espontáneas (como el caso de una protesta barrial para la colocación de un semáforo), pero en general se institucionalizan y organizan, como sucede con los **sindicatos** y organizaciones empresariales, las **Iglesias**, centros culturales, **movimientos sociales**, etc, 8- **de referencia:** G a los que un **individuo** desearía pertenecer. Según la definición establecida en la década de 1940 por Hyman, **Merton** y Shibutani, "colectividad cuyas opiniones, convicciones y **métodos de acción**, resultan decisivos para la formación de nuestras propias opiniones, convicciones y métodos de acción." A veces, el GR es definido como el G en el que ya participa un individuo (una pandilla juvenil, un G rockero, una barra brava, un G de estudio, una secta religiosa, un **partido político**), compartiendo cierto **lenguaje**, cierta vestimenta, ciertos **códigos**, ciertos **valores**, ciertos gustos artísticos, etc. En este caso, el GR se identifica con el **G de pertenencia**.

H

Habituación (Peter Berger y Thomas Luckmann): Acto que se repite con frecuencia y que crea una pauta que luego puede volver a ejecutarse (reproducirse) en el futuro de la misma manera. La H precede a toda **institucionalización**: ésta aparece cada vez que se da una **tipificación** recíproca de acciones habitualizadas.

Habitus **(Pierre Bourdieu): Costumbres.** Conjunto de disposiciones que hacen que una persona tenga internalizada una forma social de actuar. Cada una de las **estructuras subjetivas** de una **sociedad.** El *H* es lo social inscripto en el cuerpo, la **internalización** de las estructuras **objetivas** por parte de los **agentes,** las cuales modelan el *H* de éstos dándoles cierta visión del mundo. El *H* -generado por las estructuras objetivas- genera prácticas individuales y da a las conductas de los **sujetos** ciertos esquemas básicos de **percepción,** de pensamiento y de acción. Es el punto de conexión entre la **historia** social y la de cada **individuo.** Opuesto: **campo.**

Hecho social (Émile Durkheim): Forma de actuar, pensar y sentir **objetiva,** colectiva y exterior a la conciencia individual, que impone pautas de **conducta** a los individuos. El HS tiene además un **poder** de **coerción** y **sanción** para todo aquel **individuo** que se resista a obedecerlo (por ejemplo, una condena **moral** al adulterio, una condena material a un **delito,** modas, **costumbres,** etc.), poder de coerción que es social ya que su base es lo colectivo, la **conciencia colectiva.** La **coacción** social que fuerza al individuo a actuar de determinada manera tiene formas específicas de manifestación, a través de la **estructura** institucional de la **sociedad.** La **estructura social** define, a través de costumbres, **normas** y **leyes,** los límites del comportamiento social posible. Para **Durkheim,** las relaciones entre los individuos son de cooperación y lo son no por su voluntad, sino porque la sociedad necesita que así sean para sobrevivir y reproducirse. El HS no es un **fenómeno** ni un **proceso** orgánico o psíquico. Descartando toda injerencia de los **sujetos,** Durkheim plantea que los HS deben ser tratados como cosas. El **funcionalismo** lo define como el resultado de la exteriorización del **ser** social del **individuo** para satisfacer sus necesidades.

Hermenéutica (siglo XIX →): (Del griego *hermeneutiké*, que significa "**interpretación**"). En su sentido tradicional, es la ciencia o el arte de la *interpretación* y la comprensión del sentido de las cosas. En Ciencias Sociales se la ha utilizado como un acercamiento a la **acción social,** por ejemplo en Max **Weber,** quien la buscaba entender a través de la **conducta subjetiva** socialmente significativa. Wilhelm **Dilthey,** por su parte, definía a la H como "la **doctrina** del arte de comprender las manifestaciones de la vida". Según este autor, la H permite comprender a un autor y a una época mejor de lo que el autor mismo lo haría.

Heterogeneidad estructural (marxismo): Formación social donde conviven elementos de diferentes **modos de producción**, uno moderno y el resto resabios del pasado.

Holismo: (Del griego *holos* = totalidad). Postura según el cual los "todos" o totalidades sociales tienen objetivos o **funciones** que no pueden ser reducidos a las creencias, actitudes y **acciones** de los **individuos** que los forman. Según este enfoque, la **sociedad** determina el comportamiento de los individuos que viven en ella. Las relaciones que se establecen entre estos individuos tendrán que ver con el lugar que cada uno ocupe dentro de la **estructura** de la **comunidad**. Émile **Durkheim** utiliza un **método** holista. El **término** fue propuesto por el sudafricano Jan Christian Smuts (1926). Opuesto: **individualismo metodológico**.

Honor: Categoría utilizada por el **funcionalismo** y por **Weber** en el análisis de la **estratificación social** (**estamentos**) vinculada con el *status* o prestigio social y que se distingue de la **clase** y del **poder**.

Honoratiores: **Individuos** notables que toman a la actividad **política** como a una profesión secundaria o a título honorífico, es decir, que no dependen de la política para subsistir. Los **partidos de notables** se formaban con los *H*.

Huelga: Paralización de la actividad productiva por parte de los **trabajadores** de una **empresa** o rama de la **producción**, con el fin de obtener determinados reclamos, tales como mejoras salariales o en sus condiciones de **trabajo**. Adopta diversas formas y recursos de implementación: trabajo a reglamento, H de brazos caídos, H de hambre, **piquetes** de H. La **H general** es la paralización total de la **producción** de un país impulsada por los **trabajadores**. La HG tiene un carácter político, que va más allá de las **huelgas reivindicativas** sindicales. Aunque puede ser decretada por reclamos parciales o relativamente acotados, en determinados momentos, el **anarquismo** y el **marxismo** conciben a la HG como una herramienta revolucionaria y –en el caso del segundo- como una medida preparatoria de la toma del **poder** por parte de la **clase obrera**. En este sentido, habría que distinguir a la HG del **paro general**, que no tendría en principio un objetivo revolucionario.

I

Identidad colectiva: Capacidad de internalizar en los miembros de una **sociedad** ciertos **símbolos** que refuerzan los sentimientos de pertenencia. Coincidencia entre la identidad exterior y la interior.

Ideología: El término surgió a fines del siglo XVIII con el filósofo de la **Ilustración** Destutt de Tracy, quien definió a la I como el análisis de las ideas humanas. Desde otro punto de vista, la I puede ser vista como un conjunto sistemático de ideas. En *La ideología alemana* (1846), **Marx** reivindicó el espíritu revolucionario de la I de la **burguesía**

francesa, en contraposición a la raíz **conservadora** e **idealista** de la I de la burguesía alemana. Según Marx, la I es una cosmovisión o visión del mundo y de la **sociedad** que enmascara la realidad material –condicionada por un **modo de producción** determinado- y constituye una **falsa conciencia**. La I dominante es la expresión de las ideas de la clase materialmente dominante que se extienden al conjunto de la **sociedad** como las "ideas generales". Algunos ejemplos: en épocas remotas, los ancianos tenían la palabra dominante, ya que se valoraba su experiencia. En muchas sociedades, hubo brujos y hechiceros que "revelaban" los secretos de la naturaleza. Más adelante, la "voz cantante" serán los filósofos (en Grecia) y la **Iglesia** (en la **Edad Media**). Los sacerdotes medievales eran "la" voz de Dios en la Tierra y su palabra era indiscutida: si lo decía el Papa era cierto y el que se oponía podía ser encerrado o condenado a la hoguera. El hecho de que hubiese un **discurso** y castigos para el desobediente, nos muestra que toda I dominante busca convencer -si es posible- o de lo contrario reprimir al que no está de acuerdo. Lo importante es que veamos que esta lucha "de ideas" (en la **superestructura**) tiene una raíz material (en la **estructura**). La **Modernidad** y el **capitalismo** también crearon su discurso y su I, desplazando a los Dioses y poniendo en su lugar a la "Diosa" **razón**. De este modo, la **lucha de clases** material se manifiesta también en el campo de las ideas y las **instituciones**: una **guerra**, una **elección** presidencial, las distintas posiciones políticas de dos diarios, el conflicto entre el **Poder Ejecutivo** y los jueces, son algunos ejemplos visibles de un conflicto no tan visible, que es el conflicto de clases. Louis **Althusser** plantea que la I es una representación de la relación imaginaria (y no de la relación real) de los **individuos** con sus **condiciones reales de existencia**. Sostiene que la I no tiene existencia ideal sino material y que *interpela* a los **individuos** como **sujetos**: los transforma de individuos (libres) en sujetos (no libres, pero que creen ser libres) que realizan ciertas prácticas sin cuestionarse nada y siendo funcionales al **sistema** (ejemplos: pensar que los villeros son "negros" y "chorros", que mamá "plancha" y papá "trabaja", que el **salario** del **obrero** equivale a su **trabajo**, que San Cayetano "da" trabajo, "siempre habrá pobres", "el éxito depende del esfuerzo personal", "la **desocupación** es culpa de los bolivianos y peruanos", "el hombre es egoísta por naturaleza", "los **trabajadores** no pueden gobernar", "no trabaja el que no quiere", etc). Por último, la I niega su carácter ideológico: no dice "los estoy engañando" sino "elijan libremente", garantizando, de este modo, la **dominación** de la **clase** dominante. Es importante tener en cuenta que la I no es una simple "mentira" o un engaño deliberado: es una visión *deformada* de la realidad pero que *opera* en la realidad (es decir que no son sólo palabras sino que se concreta en hechos y prácticas) en forma más o menos eficiente. Si fuera una simple mentira sería fácil desenmascararla. La mentira debe ser sutil, sostenible y **verosímil** (creíble). Un diario que mienta descaradamente perdería lectores todos los días; en cambio, un diario con periodistas que están ellos mismos convencidos de que son "objetivos" transmitirán I en forma eficaz (como dice el *slogan* del diario *La Prensa*: "La verdad y nada más que la verdad"). Se hace I tomando en cuenta las inquietudes y problemas de las clases a las que se quiere sojuzgar, replanteándolos en función de los intereses dominantes y presentándolos sólo una vez quitados sus elementos críticos: por ejemplo, los problemas de los obreros pensados (por los propios obreros) con la mentalidad de los burgueses. Mientras que las visiones reproductivistas y **estructuralistas** (el propio Althusser, **Foucault**) ven un dominio ideológico total por parte de las clases o grupos dominantes y los **populistas** endiosan a los consumidores de I sosteniendo que "el televidente tiene el control remoto y hace lo que quiere", una visión más equilibrada trata de ver las contradicciones existentes entre la dominación ideológica y la resistencia a ella. Por ejemplo, es cierto que los **medios de comunicación** tienen un poder enorme; sin embargo, Hugo **Chávez** triunfó en **Venezuela** con todos los grandes medios en contra. Esto demuestra los límites del **poder** ideológico.

Imaginación sociológica (Wright Mills): Cualidad mental que permite comprender la relación existente entre la **historia** de una **sociedad** y la biografía individual. La IS es aquella función social de las Ciencias Sociales que revela a los hombres "comunes y corrientes" la existencia de una **estructura** social y los vínculos y las interrelaciones existentes entre numerosos **datos** que en apariencia no tienen conexión alguna. Para Mills, el hombre contemporáneo está preso en un malestar que sólo la IS puede remediar: gracias a ella se puede comprender el mundo lúcidamente y transformar la indiferencia por las cuestiones públicas en una actitud comprometida. De lo contrario, las *"élites* del poder" gobiernan sin control alguno por parte de la gente común. En este sentido, la IS es una herramienta contra la **Sociología funcionalista** y **empirista**, a la que Mills considera como justificadora del orden de **dominación** vigente. La IS se refiere también a la disposición del investigador sociológico para arriesgar posiciones en el campo de las **hipótesis**.

Imaginario social: Modo en que la **sociedad** se piensa a sí misma. **Percepción** que un **grupo social** tiene de la sociedad, lo que constituye una organización de **significados** compartidos que cumple una **función** ordenadora y reguladora de las relaciones sociales. Ficciones, imágenes, mentalidades, **metáforas, mitos, religiones, ideologías**, esto es, representaciones colectivas, son los contenidos esenciales del IS, que implica al mismo tiempo un dispositivo utilizado por el **poder** para legitimarse ante la sociedad.

Imitación (G. Tarde): Conducta que copia comportamientos observados en otros **individuos, grupos de pertenencia** y **grupos de referencia** a los que se toma como **modelos**, en el marco de la **socialización** y el aprendizaje social. La I es clave para la aceptación de las reglas sociales.

Inclusión: Situación en la que un **individuo** participa en el **mercado** productivo y de **consumo** en una **sociedad**. En relación al concepto de *status*, Wilfredo Lozano considera dentro de la categoría de los incluidos sociales a los modernos **trabajadores** formales de la **industria** y los **servicios**. Alberto Minujin, por su parte, sitúa en la categoría a los grupos de **ingresos** familiares altos, con **stock** alto de **capital** humano y cultural, cobertura social, acceso a servicios básicos, **educación** y salud. Opuesto: **exclusión**.

Incongruencia de *status* (funcionalismo): Situación en la que un **individuo** ocupa en la **estratificación social** posiciones no coherentes entre sí. Situación en que se posee algunos atributos sociales –riqueza, **poder**, **prestigio**, **educación**- y se carece de otros. Por ejemplo, un alto magistrado, un escritor o un graduado universitario pueden tener gran **prestigio** o nivel educativo pero bajo **ingreso**, mientras que un usurero puede tener alto ingreso y bajo prestigio. Muchos individuos pueden tratar de equilibrar estos desniveles. Por ejemplo, un nuevo rico tratará de ser reconocido por los viejos ricos y para ello imitará la **vida cotidiana** de éstos, irá a sus reuniones, etc. Cuando las IS son colectivas, pueden ser fuente de **cambio social**, es decir, la base de **movimientos sociales** destinados a cambiar la estratificación social.

Inconsistencia de *status*: En la **Sociología funcionalista**, la IS designa la falta de certeza acerca de la posición social que un **individuo** ocupa en la **estratificación social**. Actualmente, un ejemplo de IS lo constituyen los sectores ligados tradicionalmente al desarrollo de la **burocracia** estatal, quienes –ante el retroceso del **Estado**- han pasado a formar parte de la **clase media** empobrecida, en lo que se denomina **zona de vulnerabilidad**.

Índice: Número promedio que se utiliza para observar la evolución o variación en el tiempo de una **variable**. También llamado número Í, toma habitualmente el valor 100. Por ejemplo, el Í que establece la relación entre **población económicamente activa** y el nivel de **desempleo**. **Í de desarrollo humano:** Í elaborado por el Programa de las **Naciones Unidas** para el Desarrollo, PNUD, que considera tres indicadores del bienestar de la **población** de un país: **ingresos** (**Producto Nacional Bruto** por habitante), salud (**esperanza de vida** al nacer) y **educación** (tasa de analfabetismo y matriculación).

Industrialización (1750 →): **Proceso** por el que en la **producción** de un país pasa a predominar la **industria** por sobre las actividades **primarias** y artesanales. La I está ligada con la **urbanización**, las **migraciones** campo-ciudad y el surgimiento de la **clase obrera**, entre otros factores. En *El Capital*, **Marx** describe como etapas históricas de la I la **cooperación simple**, la **manufactura** y la **gran industria**. Algunos autores distinguen la I de la **Revolución Industrial** británica, sosteniendo que la primera describe a los **procesos** de recepción y adaptación en otros países de las innovaciones producidas en la segunda.

Innovación (Robert Merton): Categoría propuesta por este sociólogo **funcionalista** que se entiende como la situación donde los individuos consideran que las metas sociales son positivas pero los medios para alcanzarlas son ilegítimos. Por ejemplo, cuando el **Estado** establece un aumento de **salarios** sin tener en cuenta la opinión de los **trabajadores**. La I implica algún grado de actitud de inadaptación de un **individuo** a un ámbito socio-cultural (ver **disfunción** y **anomia**).

Institución (estructural-funcionalismo): Unidad de análisis fundamental de esta **teoría** antropológica y sociológica, que permite analizar **sociedades** diferentes. La I es toda forma estandarizada de proceder que promueve **valores**, **normas** y **roles** y que satisface necesidades que mantienen la **cohesión** y supervivencia sociales. Son ejemplos de I los **partidos políticos**, la justicia, la **Iglesia**, una sociedad de fomento, etc.

Institucionalización (Peter Berger y Thomas Luckmann): Tipificación recíproca de **acciones** repetitivas habitualizadas. La **institución** misma tipifica tanto a los **actores** individuales como a las acciones individuales. Establece que las acciones del tipo X son realizadas por actores del tipo X. Las instituciones son producto de la historia de la interrelación entre los hombres, pero a su vez controlan el comportamiento humano. Decir que un sector de actividad humana se ha institucionalizado significa que ha sido sometido a **control social**. El mundo institucional es actividad humana objetivada. **I del conflicto de clases**

(Anthony Giddens): Reconocimiento estatal de los intereses de **clase** antagónicos de la **sociedad** y su formalización en la negociación colectiva. Implementada por la **socialdemocracia**, el **keynesianismo** y el **populismo**, entre otros, la ICC proporciona mecanismos de salida o atenuamiento de la **lucha de clases**, quebrando o debilitando el potencial revolucionario del **proletariado**.

Instituciones: Aparato o conjunto de **estructuras** objetivadas del mundo social y político, a través del cual se ejerce el **poder** en una **sociedad** organizada como **Estado**. Las I son reglas de juego que se encarnan en la experiencia individual por medio de los **roles**. Hasta lo más individual, como el nombre, tiene arraigo en las I, que cumplen una **función** reproductora y **conservadora** del orden vigente, estableciendo lo permitido y lo prohibido, lo correcto y lo violatorio. Son I la **ley**, la **clase**, el **matrimonio**, la **religión**, etc. La I es un organismo regulador y estabilizador que canaliza las **acciones** humanas. **Durkheim** afirmó que la **Sociología** es la **ciencia** de las I. Para el **estructural-funcionalismo**, las I son **normas de conducta** establecidas y reconocidas por **grupos** sociales distinguibles, referidas a un tipo específico de relaciones e interacciones. Las I tienen las siguientes características: son creadas por el hombre, son permanentes, tienen normas propias y en ellas hay *status* y roles (jerarquización). Al nivel del **aparato estatal**, son I el **gobierno**, el **Parlamento**, los tribunales, la **administración pública** y la policía, entre otras. **I de secuestro (Michel Foucault):**

Espacios sociales donde se disciplina, controla, vigila y/o castiga a los **sujetos**. La escuela, la prisión, la oficina, el hospital, son IS que forman parte de la **microfísica del poder**.

Integración (Gino Germani): La I implica que **grupos** movilizados participan a través de canales institucionalizados por el **régimen político** imperante y que esta participación es percibida por esos grupos como legítima. Se opone –en este sentido- al concepto de **movilización**.

Integración social: Adopción de las pautas e **instituciones** dominantes por parte de un **grupo** o de toda la **sociedad** que favorece la armonía social.

Interacción social (funcionalismo): Conjunto de las **acciones sociales** reguladas por **normas** y expectativas de **conducta**, en el marco de un **sistema** social. K. **Lewin** utiliza el concepto de IS para su **teoría** del **campo**.

Interés de clase (Max Weber): Interés común de los **individuos** que tienen una misma **situación de clase**.

Internalización (Peter Berger y Thomas Luckmann): Incorporación en la **conciencia** individual de las **instituciones**, es decir, de las **estructuras** objetivadas del mundo social a través del **proceso de socialización**. Aprehensión e interpretación inmediata de un **hecho objetivo**, que tiene un **significado**. Así, lo que es significativo para otros se vuelve significativo para mí.

Investigación: Análisis e indagación sistemático acerca de un tema determinado. El **tema de I** es elegido por el investigador de acuerdo con sus intereses e **ideología** y en función también del contexto político-académico en que aquel se desenvuelve. Dado que el tema de I es muy general, el **problema de I** implica plantear una serie de preguntas: el "algo de alguien" que se quiere conocer y el cuándo y el dónde. Se debe plantear qué cosa se va a estudiar, estableciendo determinados conceptos o propiedades y las relaciones entre éstos. El quién implica elegir las **unidades de análisis** sobre las que se estudiará el qué, es decir, el **universo de análisis**. El cuándo es el recorte temporal y el dónde es el recorte espacial. El **diseño de I** es la planificación de tareas a realizar para abordar el **objeto de estudio** definido: qué unidades de análisis se van a observar en el **trabajo de campo**, qué metodologías se usarán, etc. Las **técnicas de I**, por su parte, son procedimientos reglados que utiliza el investigador. **Investigación de campo: Método** típico de las **Ciencias Sociales** (en especial, en la **Antropología** y la **Sociología**) que se basa en un contacto directo con los **fenómenos** que se busca investigar, en un ámbito previamente delimitado.

L

La división social del trabajo (**Émile Durkheim, 1893**)**:** Una de las obras más importantes del sociólogo francés. La **tesis** fundamental del libro es que -a pesar de haber abandonado las creencias morales tradicionales (la **religión**, en primer lugar, base de una **solidaridad mecánica**, automática, en una sociedad más simple, con pocas diferencias)- la **sociedad moderna** tiende a lograr una estabilidad orgánica (o **solidaridad orgánica**) posibilitada a partir de la **división del trabajo** (en una sociedad más compleja, con muchas diferencias).

La ética protestante y el espíritu del capitalismo (**Max Weber, 1905**): Obra en la que **Weber** analiza por qué el **capitalismo** se desarrolló en ciertas regiones de Europa Occidental y no en otras partes. Aunque la **Reforma Protestante** había atacado algunas bases del **catolicismo**, el **luteranismo** compartía con éste una forma de vida **conservadora** y tradicionalista, opuesta a la **cultura** urbana y **racionalista**. Así, las **iglesias** europeas tenían una actitud anti-capitalista, favorable a mantener una **estructura social** semi-feudal, sustentada en la **propiedad** de los **terratenientes**. El **calvinismo** -en cambio- fue la rama protestante que favoreció el desarrollo del capitalismo, con su aprobación de la **acumulación** de riquezas. La **doctrina** calvinista de la predeterminación provocaba en sus creyentes una profunda ansiedad por su salvación, que sólo podían mitigar guiándose según un modo de vida diligente, ahorrador, honesto y austero. Si bien el afán de lucro es característico de todas las civilizaciones, el cálculo racional de adecuación de medios a fines para alcanzar una ganancia (la **acción racional con arreglo a fines**), es distintivo del capitalismo moderno y de **Occidente**.

Las reglas del método sociológico (**Émile Durkheim, 1895**): Obra fundamental donde **Durkheim** plantea que **los hechos sociales deben ser tratados como cosas**. El **fenómeno** social es caracterizado como algo externo a los **individuos** y que ejerce sobre éstos una **coerción**. Ese **hecho social** debe ser explicado por medio de reglas o **normas** objetivas, independientes de la **subjetividad** individual.

Le Bon, Gustave (1841-1931): Sociólogo **positivista** y médico francés. Llevó a cabo análisis de **fenómenos** de masas. Su tesis central era que un **individuo** colocado en el interior de una **masa** de personas retrocede en su comportamiento instintivo hacia etapas más primitivas. Entre sus obras principales encontramos a: *Psicología de las masas* (1895).

Ley de hierro de la oligarquía (Robert Michels): Tesis de este sociólogo que plantea que los líderes de cualquier **organización** se van separando de sus bases formando una **oligarquía**, que manipula a las **masas**. De este modo, Michels plantea que ninguna **sociedad** puede sobrevivir sin la existencia de una **clase dominante** (las mayorías son incapaces de gobernar). Esta tendencia sería común a todas las organizaciones, tanto las **burocracias** públicas como las grandes **empresas**, los **sindicatos**, los **partidos políticos**, etc.

Ley del valor: Principio económico que establece que toda **mercancía** es un **producto** que tiene un **valor** determinado por la cantidad de **trabajo** abs-

tracto socialmente necesario. La LV fue desarrollada, bajo diferentes ángulos, por A. **Smith**, D. **Ricardo** y K. **Marx** (ver **teoría del valor**).

Líder: Conductor que influye y manda sobre un **grupo** social. Una forma típica de liderazgo es la de un **caudillo**, que opera como un **L carismático** con un **poder** de origen extraordinario sobre las **masas**. **Weber** distingue, en sus **tipos de dominación**, liderazgos basados en el **carisma**, la **tradición** o la **ley**. **L carismático:** Personalidad con cualidades extraordinarias que logra la obediencia por parte de las **masas**. Ejemplos de LC son los líderes religiosos, **caudillos**, militares **populistas**, entre otros.

Linaje: Grupo de parentesco que tiene lazos genealógicos o de ascendencia conocidos y con **filiación matrilineal** o **filiación patrilineal**. Forman un L aquellos que descienden de un **ancestro común**. Históricamente, el L está vinculado a la línea patrilineal, especialmente en relación con la **nobleza** y la **aristocracia**. En la **Sociología funcionalista** el L está asociado al concepto de **estirpe**, clave para la ubicación de cada **individuo** en la **estratificación social**.

Línea de indigencia: Sector de la **población** que, no sólo no puede cubrir la **canasta básica de consumo**, sino que sus **ingresos** ni siquiera pueden cubrir la canasta básica alimentaria

Línea de pobreza: Método indirecto de medición que registra el nivel de **consumo**. Es indirecto porque no registra directamente las condiciones de **pobreza**. Se utiliza este indicador para medir a los llamados **"nuevos pobres"**, hogares en proceso de **pauperización**. Así, un **individuo** o una familia son pobres si cubren las necesidades alimentarias pero el **ingreso** no alcanza para cubrir otros **bienes** y **servicios** no alimentarios, tales como vestuario, educación, salud, transporte, esparcimiento, etc.

Lock-out: De la voz inglesa que significa "cerrar la puerta hacia afuera". **Huelga** de los **patrones**, también llamado "L-O patronal". Paralización de las actividades productivas por parte de los **empresarios**.

Lucha de clases: Teoría que sostiene que la **sociedad** se desarrolla en base al antagonismo entre las **clases** propietarias –dominantes y explotadoras– y las clases desposeídas –dominadas y explotadas–, en un proceso continuo, dinámico y cambiante. Para el **marxismo, la LC es el motor de la historia**.
Lumpenproletariado (Karl Marx): Fracción social marginada del proceso de **producción** y **consumo** y carente de **conciencia de clase**. Por ejemplo, pertenecen al L **grupos** desclasados como los vagabundos, mendigos, prostitutas y delincuentes.

M

Malthus, Thomas Robert (1766-1834): Economista y religioso inglés. Planteó la posibilidad de un desequilibrio entre la **producción** y el **consumo** y advirtió sobre el riesgo de una **crisis de sobrepro-**

ducción. M sostuvo que los alimentos crecen siempre aritméticamente (1, 2, 3, 4...) y la **población** lo hace geométricamente (1, 2, 4, 8...) y que, por lo tanto, nunca habrá alimentos suficientes para todos. Postuló, en consecuencia, la necesidad de regular el crecimiento de la población mundial, reivindicando incluso el papel que juegan en esa regulación las **guerras**, las pestes y las enfermedades. Su **teoría** fue refutada por las transformaciones en la **agricultura** de los siglos XVII y XVIII. Fustigó a la **burguesía** por su exceso de acumulación y planteó la necesidad de que una **clase** no productiva –los **terratenientes**– se dedicase al consumo. También elaboró la **"ley de hierro de los salarios"**. Entre sus obras principales encontramos a: *Ensayo sobre los principios de la población* (1798).

***Manifiesto Comunista* (Karl Marx y Friedrich Engels, 1848):** Obra fundacional del **marxismo**, el MC surgió cuando en Europa se estaba desarrollando la **Segunda Revolución Industrial** y la **clase obrera** comenzaba a tener cada vez mayor importancia. Este **proletariado** sufría una fuerte **explotación** pero no tenía claros sus objetivos. **Marx** y **Engels** trataron de concientizar y organizar a los **trabajadores** con el fin de que éstos se organizaran en un **partido** revolucionario de los trabajadores, un partido obrero, para tomar el **poder**, destruir al **capitalismo** y crear una **sociedad comunista**, sin explotadores ni explotados.

Manufactura (Karl Marx, siglo XVI-mediados del siglo XVIII): Segundo estadio de la **producción capitalista**, posterior a la **cooperación simple** y anterior a la **gran industria automática**. De importancia fundamental en la llamada **división social del trabajo** (ver), la M es un **sistema** de producción basado en la reunión –realizada por un capitalista propietario de los **medios de producción**– de obreros de diversos oficios en grandes conglomerados y la subdivisión de esos oficios en especialidades cada vez más elementales, pero usando principalmente la fuerza y la habilidad manual del **obrero**, ayudado con herramientas pero sin máquinas o con escasa influencia de ellas. En la M cada obrero hace una parte del **trabajo** pero no el trabajo completo. Aunque el capitalista proporciona las **materias primas** y herramientas, tanto en la M como en la cooperación simple, la forma de trabajo y sus ritmos son determinados por el obrero. El **trabajo** mantiene un carácter artesanal, ya que cada operación se hace aún a mano y depende de la destreza del trabajador individual. Sin embargo, como ahora sólo se realiza una simple operación (por ejemplo, tejer), el **trabajador** queda alienado en algunos aspectos, es decir, pierde parte de su creatividad –aunque gana en **eficiencia**–. La nueva organización incrementa la **fuerza de trabajo** socialmente productiva –el trabajo del obrero colectivo formado por la combinación de los trabajos parciales– y, como nunca antes, da importancia a la producción de **mercancías** en un tiempo de trabajo mínimo –mientras que en la cooperación simple era imposible reducir el tiempo de trabajo, porque el obrero tenía que hacer muchas operaciones parciales que le obligaban a cambiar de lugar y de herramientas–. Ahora se trataba de usar unas pocas herramientas, mejores y más simples, para realizar muchas operaciones; una herramienta especial para cada operación o función parcial especializada. Hoy día entenderíamos este proceso como una **industria** artesanal, pero no aislada sino en mayor escala. La progresiva mecanización de la M llevó a una fase de transición: la **M moderna**, basada en un uso auxiliar (y no central, como en la gran industria que vendría después) de máquinas. La definición actual de M difiere de la clásica ya que refiere –ésta sí– al uso de máquinas. La M va creando una jerarquía de fuerzas de trabajo, a la que corresponde una escala o gradación de **salarios**. La escala jerárquica del trabajo se combina con la división pura y simple de los obreros en obreros especializados y **peones**. Al alcanzar un grado de desarrollo productivo, la M creó necesidades de producción que encontraron serias limitaciones técnicas, lo que abrió las puertas para el paso a la siguiente fase: la gran industria.

Marx, Karl Heinrich (1818-1883): Filósofo y economista alemán, fundador del **socialismo científico, comunismo** o **materialismo histórico**. Postuló la **lucha de clases** como motor de los cambios históricos y –en el contexto de la **Segunda Revolución Industrial**- comenzó a organizar a la **clase obrera** mundial con el objetivo del derrocamiento revolucionario del **capitalismo** y la instauración de una **sociedad** comunista, sin explotadores ni explotados. Fue uno de los fundadores de la **I Internacional** y explicó el funcionamiento básico del modo de producción capitalista a través de la **acumulación de capital**, en base a la extracción de **plusvalía** realizada por la **burguesía** sobre el **proletariado**, señalando que las contradicciones del **sistema** lo llevarían a su autodestrucción. Entre sus obras principales encontramos a: *Manifiesto del Partido Comunista* (1848, junto a Friedrich **Engels**) y *El Capital* (1867).

Marxismo (1843 →): Doctrina creada por Karl **Marx** que explica el funcionamiento de la **sociedad** en base a la **producción** material de la existencia humana y a la **lucha de clases** a través de la **historia** (materialismo histórico). Sostiene que la **propiedad privada de los medios de producción** es la base de la **explotación del hombre por el hombre** y que el **Estado** es un instrumento de la **clase dominante** para oprimir a las otras clases. El M introdujo en la **teoría del valor** el concepto clave de **plusvalía**, aquella parte del **trabajo del obrero** que no es remunerada y que un **capitalista** se apropia con el objetivo de acumular **capital**. Explicó también cómo dicha **acumulación** aumenta la **composición orgánica del capital**, provocando una **tendencia a la caída de la tasa de ganancia,** y con ello, **crisis** recurrentes que pueden abrir paso a **situaciones revolucionarias**. El M postula la formación de un **partido obrero** que derroque en forma revolucionaria a la **burguesía** e instaure la **dictadura del proletariado**, un Estado obrero como fase de transición a la sociedad **socialista** y a la fase final: el **comunismo**, sociedad sin clases ni Estado.

Masa: Fenómeno que agrupa a muchas personas en una tendencia común sin que ese agrupamiento sea físico (lo que diferencia a la M de la **muchedumbre**). Por ejemplo, la **opinión pública**, una corriente de ideas o la moda. También, **capa** social amplia, en contraposición con la *élite.* Algunos estudios destacados acerca de las M son: *Psicología de las multitudes* (G. Le Bon, 1895), donde el autor destaca el carácter irracional y contagioso de la M sobre la **conducta** individual, *Psicología de las masas* (S. **Freud**, 1921) y *La rebelión de las masas* (Ortega y Gasset, 1930).

Materialismo dialéctico (marxismo): Se llama con este nombre a las **doctrinas** de **Marx** y de **Engels** y a doctrinas posteriores que desarrollaron sus ideas. Se lo llamó así para diferenciarlo del **idealismo dialéctico** de **Hegel** ya que su herencia hegeliana es puramente metodológica: el MD es anti-idealista. El **método** del MD pone el énfasis en el **proceso** y no en el estado, en la conversión y no en el **ser,** en "la película" y no en "la foto", en las relaciones entre las partes y no en las partes aisladas, en la contradicción y en el movimiento. Se diferencia del método de Hegel en que es menos especulativo, incorporando en los argumentos **datos** estadísticos y, en general, incorporando la **historia** en términos económicos y de **lucha de clases** y no ya la historia entendida como los pormenores de un **espíritu absoluto.** Una idea central de esta doctrina es la de que la vida espiritual es una **superestructura** de la **estructura** fundamental de las **relaciones de producción,** es decir, que

la **ideología** o cosmovisión de las diferentes **clases sociales** en un momento histórico y sus **instituciones** están condicionadas por el lugar que ocupan en el "mapa" de la **economía** (en este sentido es materialista el MD clásico: las condiciones materiales puede ser **causa,** puede causar, en la medida en que la **sociedad** es un entramado de pactos implícitos sobre la **propiedad** de **bienes** económicos). El MD sostiene que hay **leyes** históricas que se conocen *a posteriori,* pero éstas no son leyes constantes como las físicas sino evolutivas: explican **procesos** que no se repiten. La historia es la resultante de fuerzas en conflicto y cuando un conflicto es suficientemente importante produce una ruptura e inicia una nueva fase. Estas fuerzas son principalmente económicas pero también son superestructurales, es decir que estructura y superestructura se relacionan dialécticamente. Una línea pretendidamente continuadora de las ideas de Marx y Engels que también se conoce como MD y sobre todo como *dia-mat* fue la ideología dominante de los **partidos** comunistas durante el **stalinismo** (influida por las obras de **Plejánov** y **Bujárin**). Los críticos del *dia-mat* sostienen que el MD en manos del stalinismo constituyó una desviación determinista, **economicista** y **positivista** ajena al **comunismo** y al **marxismo.**

Materialismo histórico (marxismo): Estudio de la **historia** humana desde el punto de vista de la historia del **desarrollo** de las **fuerzas productivas** y la **lucha de clases.** Para el MH, la historia no la hacen ni Dios ni el destino, sino el **hombre**, en su relación con el mundo **objetivo**. El MH trata de explicar las distintas formas de organización social que se dan en la historia, a partir de las condiciones materiales de **producción** de la riqueza y reproducción del hombre. **Marx** intentó descubrir el camino que llevase de los **modos de producción** basados en la **explotación** del **trabajo** de una **clase** por otra, a un modo de producir la riqueza sin explotación y –por lo tanto- sin clases. EL MH surgió a mediados del siglo XIX como respuesta a las **teorías** burguesas (**economía política**, **sociología clásica**, etc). Estas teorías habían surgido con las **revoluciones burguesas** en **Inglaterra**, **Francia** y **Estados Unidos**, en los siglos XVII y XVIII, con el fin de consolidar y defender al orden **capitalista**, amenazado por los profundos cambios políticos, económicos y sociales que se produjeron a partir de la formación de los **Estados modernos** (aproximadamente desde el siglo XV) y la **Primera Revolución Industrial** (aproximadamente desde 1750). Marx y **Engels** denunciaron que las tres banderas de la **Revolución Francesa** de 1789 –Libertad, Igualdad y Fraternidad- no se habían concretado. El reemplazo del **feudalismo** por el capitalismo no había traído una sociedad más justa. Y la **clase obrera** -los **asalariados** o **proletarios**- sufrían una terrible explotación. Marx y Engels estudiaron las bases del funcionamiento del capitalismo y las causas de sus **crisis**, con la finalidad **política** de organizar su derrocamiento. El MH criticó al **materialismo burgués**, reivindicando la existencia no sólo de una materia natural sino de una materia social, hecha por los hombres. Según **Gramsci**, esto significa que para el MH la materia **subjetiva** y la objetiva interactúan, de modo que la materia está social e históricamente organizada. Según el **marxismo vulgar**, el MH tiene un rol secundario, siendo la aplicación del **materialismo dialéctico** (en su versión simplificada y deformada) a los **fenómenos** de la vida social: el *hismat* sería la abreviatura del MH, el elemento particular, siendo el elemento dialéctico natural el elemento universal. Pero para el **marxismo**, el MH implica la transformación **dialéctica** del mundo realizada por el hombre.

Matriz de datos: Base común donde se vuelcan **datos**, variables y frecuencias para poder analizarlos. Está formada con filas (donde se colocan las **unidades de análisis**), una columna por cada **variable** y las celdas que surgen de cruzar filas y columnas. Las unidades de análisis presentes en la M son las **unidades de registro**, es decir, aquella parte del **universo de análisis** (que abarca todas las unidades en cuestión, presentes o no en la matriz de datos) observada por el investigador.

Media: Promedio que resulta de la suma de todos los términos disponibles y su división por su cantidad. Al basarse en la totalidad de los **datos** manejados, es muy útil. Sin embargo, hay que tener cuidado, ya que puede resultar engañosa, dando una visión distorsionada de la realidad. Por ejemplo, si decimos que la M del **ingreso** *per capita* en la **Argentina** es de mil pesos, debemos tener en cuenta que hay millones de personas que están tal vez debajo de los trescientos pesos y un puñado que tiene un ingreso *per capita* superior a un millón de pesos.

Mediana: En una serie de cifras, la M es la que ocupa el lugar central o exactamente intermedio de un conjunto de observaciones. Al igual que en el caso de la **media,** no nos informa acerca de la **distribución** real de los datos.

Medios de producción: Bienes producidos que se utilizan en la **producción** de otros bienes. Pueden ser de duración limitada a un solo período (**capital circulante o capital variable,** según la **economía clásica** o el **marxismo,** respectivamente) o servir para varios períodos (**capital fijo o capital constante).** Son ejemplos del primero las **materias primas** o los **salarios** y del segundo, las máquinas, herramientas, edificios, **fábricas,** etc.

Mercado: Sistema de relaciones sociales de compraventa entre propietarios de **mercancías.** En el M se intercambian **bienes** y **servicios** que tienen determinada utilidad o **valor de uso;** dado que las cosas tienen diferentes valores de uso, lo que unifica a todas las mercancías es su **valor de cambio,** es decir la proporción en que un bien se intercambia con otro. El **trabajo** humano es ese algo en común que tienen todas las mercancías y que permite su intercambio (aunque la **teoría subjetiva del valor** plantea que el valor está determinado por los sujetos y no por una medida objetiva). Si bien suelen confundirse, el M es muy anterior al **capitalismo:** lo que distingue al M capitalista es que la propia **fuerza de trabajo** se convierte en mercancía por medio del **trabajo asalariado.** De este modo, el M capitalista es un mecanismo que regula la **competencia** y la **distribución** y es el lugar de encuentro para los intercambios de **mercancías** entre consumidores, comerciantes y productores. Por el M se determinan el **precio** de los **productos** y las cantidades producidas (**oferta**) y demandadas (**demanda**). Históricamente, se pueden distinguir M de **competencia perfecta,** monopólicos, oligopólicos, etc. El M es el espacio social fundamental (que no necesariamente es un espacio físico) y el mecanismo básico de asignación de recursos de la **teoría económica liberal.**

Mercancía: Bien que posee cierta utilidad y que se produce con el fin de ser intercambiado en el **mercado.** Toda M tiene un **valor de uso** –creado por el **trabajo concreto**- y un **valor de cambio** –vinculado al **trabajo abstracto**-. Según D. **Ricardo** y K. **Marx,** el **valor** de una M está determinado por la cantidad de **trabajo socialmente necesario** para producirla, medida objetiva que permite comparar e intercambiar diferentes valores de uso. Según Marx, la M engloba dos procesos: **proceso de producción** de valores de uso y proceso de creación de valor. La M **fuerza de trabajo** es la única M que –en la esfera de la **producción**- reproduce su propio valor y genera un **plusvalor.** De este modo, la forma **capitalista** de la producción de M es la suma del **proceso de trabajo** más el **proceso de valorización.**

Merton, Robert King (1910-2003): Sociólogo norteamericano, uno de los fundadores de la **Sociología funcionalista** y del **estructural-funcionalismo** junto a Talcott **Parsons**. Desarrolló los **conceptos** de **disfunción** y **rol** y trabajó buscando **generalizaciones empíricas** (a las que llamó "**teorías** de la esfera media") a partir del planteo de determinados problemas. También se abocó a temas como el **control social**, la **burocracia** y la Sociología de la **ciencia**. Entre sus obras principales encontramos a: *Teoría y estructura sociales* (1949) y *El análisis estructural en la Sociología* (1975).

Microfísica del poder (Michel Foucault): Característica de funcionamiento del **poder** en la **sociedad** moderna. En ella, cada **institución** cumple su papel: la **fábrica** fija a los individuos a un aparato de **producción**, la escuela los fija a un aparato de transmisión de **saber**, el hospital los liga a un aparato de corrección y normalización, etc. Se trata de una MP o **poder capilar** que controla la totalidad del tiempo y el cuerpo de los individuos. Se busca construir, constituir individuos "normales", que interioricen las **normas** y que adecuen sus **conductas** de acuerdo a esas normas, es decir, que se cumpla la **disciplina**. Un **individuo** normalizado es un individuo dócil, útil, productivo y económicamente rentable. Utilidad y obediencia se reproducen mutuamente.

Micropoder (Michel Foucault): Poder capilar, poder panóptico normalizador, cuyas relaciones atraviesan todo el cuerpo social hasta encarnarse en la **vida cotidiana** y los cuerpos de los individuos. Este M ha actuado en la **sociedad** moderna, creando las condiciones que permiten la formación de la sociedad industrial: el tiempo de los hombres se transformó en **tiempo de trabajo** y el cuerpo de los hombres se convirtió en **fuerza de trabajo**. El **panoptismo** tiene como **función** transformar el tiempo y el cuerpo de los **individuos**, formando y corrigiendo el cuerpo para que tome aptitudes que lo califiquen como cuerpo capaz de trabajar. Las **instituciones** que encuadran la vida cotidiana de los **individuos** -la escuela, la **fábrica**, el hospital, el lugar de **trabajo**, etc.- tienen un fin específico: enseñar o educar, producir, curar, en el marco de una **disciplina** general.

Migraciones: Cambio geográfico y residencial permanente o transitorio (ver **inmigración golondrina**) consistente en el desplazamiento de **población** de una región a otra con el fin de desarrollar allí su vida. Pueden producirse al interior de un país o **territorio** –las **M internas** entre las que se destacan las M campo-**ciudad**-, provenir del exterior –**inmigraciones**- o ir desde un país hacia el extranjero –**emigraciones**-.

Minoría: Grupo social numéricamente inferior en una **sociedad** más amplia, agrupamiento que comparte **valores** y una **cultura** distintos a los dominantes. Las M son reiteradamente objeto de diversas formas de discriminación, como sucede con los negros, los **judíos**, los homosexuales o los gitanos en diferentes contextos.

Moda: Valor o cifra que aparece con

mayor frecuencia en una serie de **datos** u observaciones registradas, sin tomar la distribución global de los mismos.

Modernidad (siglos XVI-XX): Proceso histórico caracterizado por la paulatina disolución de los **estamentos** medievales, la gradual introducción de formas **capitalistas** de **producción** y **comercio,** la igualdad **jurídica,** el **auge** de la racionalidad liberada de la **religión** (**secularización**) y el avance de las ideas laicas, el poderío social anclado al **dinero** y la centralización del **poder** político con la formación del **Estado moderno.** La M comenzó a existir hace aproximadamente quinientos años en algunas regiones de Europa. Está asociada con **valores** tales como la capacidad de controlar racionalmente la realidad que rodea al hombre, llevar adelante una aventura, ejercer el poder y vivir sentimientos como la alegría y el crecimiento, los que fueron sistematizados con la **Ilustración.** La M pretende construir un mundo en el cual las personas pueden transformar su entorno y tener capacidad de decidir sobre él. Váttimo plantea tres ejes de la M: a) la **historia** es una: detrás de la aparente variedad de sucesos históricos hay un **sentido** unitario que los reúne, b) el criterio de superación: el desarrollo de la historia supone una serie de etapas sucesivas en un **progreso indefinido,** donde la última etapa supera a las anteriores y, c) la categoría de emancipación: la marcha de la historia se encamina a la recuperación de la verdadera identidad del hombre. (Ver también **sociedad moderna, sociedad tradicional** y **modernización**).

Modernización: Proceso social caracterizado por profundos cambios en las sociedades tradicionales. Si bien su aspecto central es el progreso tecnológico y la **industrialización** que acompaña a dicho progreso, comprende también cambios en el orden social e institucional y en el ámbito del conocimiento y en los valores, así como un acento en la **acción social** racional. Dentro de los cambios que constituyen la M de una **sociedad** se incluyen: la **urbanización** (concentración de la **población** en las ciudades), la reducción de los índices de natalidad y de defunción en relación con las proporciones tradicionales (la llamada "transición demográfica"), el establecimiento de un **gobierno** burocrático (es decir, regido por funcionarios de acuerdo a **leyes**), eficaz y centralizado, la creación de un **sistema** educativo capaz de preparar y socializar, la **movilización social** con grandes **migraciones,** la ruptura de lazos tradicionales, el surgimiento de **clases medias,** el pluralismo político, entre otros factores. La M fue el eje central de la llamada **sociología de la modernización,** que postuló un **modelo** de pasaje desde sociedades agrarias a sociedades modernas. En general, a la M se contrapone la **sociedad tradicional. M social:** Cambios generales de una **sociedad.** Se diferencia de la **movilidad social,** que refiere a cambios internos en una sociedad.

Modo de producción: Forma en que los hombres producen lo necesario para vivir en un lugar y época determinados, a partir de una específica combinación de **fuerzas productivas** (estado de la **fuer-**

za de trabajo y la **tecnología**) y **relaciones de producción** (relaciones sociales humanas). **Marx** sostiene que mientras las fuerzas productivas puedan seguir desarrollándose, las relaciones de producción sostendrán una **estructura** de **clases** específica de cada MDP. Pero cuando esas relaciones se constituyen en una traba para ese desarrollo, esa contradicción abre una época revolucionaria que tarde o temprano desemboca en la formación de un nuevo MDP dominante. Todo MDP es una construcción ideal; en la realidad, junto con un MDP dominante, coexisten diversos MDP, más o menos desarrollados, conformando en su conjunto una **formación económico-social**. El antropólogo Maurice **Godelier** descubre en los escritos de Marx desde un original **comunismo primitivo (cazadores-recolectores)** y dos **MDP asiático** (el de los *Inka* y el eslavónico). Paralelamente a ellos, el **MDP germánico** (las tribus "bárbaras" que invadirán el **Imperio Romano**) y el **MDP antiguo** (griegos y romanos preclásicos); como desarrollo de este último el **MDP esclavista** (Grecia y Roma clásicas); como combinación del germánico y esclavista, el **MDP feudal**, y como desarrollo de éste, el **MDP capitalista**. El **MDP comunista** sería, según Marx, el **modelo** de organización social al que el hombre debe llegar. **MDP capitalista (siglo XV →):** El **capitalismo** es un **MDP** en el que los instrumentos y utensilios, es decir, los **bienes** por medio de los cuales se realiza la **producción** –en definitiva, el **capital**- son de **propiedad privada** o individual. Esto implica la concentración de la propiedad en unas pocas manos y la carencia de propiedad por parte de la mayoría. Unos tienen y otros trabajan para aquellos que tienen. Ésta es la base del conflicto entre capital y **trabajo**, entre los que no trabajan y explotan el trabajo ajeno, contra los que trabajan para aquellos. La concentración de la propiedad genera una compulsión económica que obliga a los que no son propietarios a alquilarse a los propietarios, convirtiéndose en **asalariados**. Para que algunos vivan sin trabajar -los capitalistas o **burguesía**- otros –los trabajadores o **proletariado**- deben producir más de lo que ganan, más que el valor de su **fuerza de trabajo** (remunerada con el **salario**) y ese "más valor" es el **plusvalor** o **plusvalía**, tal como lo llamó **Marx**, o el **excedente**, como lo denominó Adam **Smith**. Esa plusvalía es la base de la **acumulación de capital** con la que el sistema se reproduce. Los economistas burgueses han argumentado que los capitalistas aportan a la producción la maquinaria, del mismo modo que los trabajadores aportan su trabajo. Y que, supuestamente, sin el deseo capitalista de producir para ganar, no se podrían lograr avances técnicos o productivos. El marxismo sostiene que todo esto es falso: que el capitalista no aporta nada porque todo lo que existe como producción ha sido creado por la clase trabajadora y que la clase capitalista no hace más que parasitar a aquella. Históricamente, el MPC surge entre la segunda mitad del siglo XVI y comienzos del siglo XVII y se consolida como MDP dominante con la **Revolución Industrial**. **MDP esclavista (4.000 a.C.-siglo V):** Forma de **producción** basada en el **trabajo forzado** de los **esclavos** en favor de su **clase** propietaria, los **amos** o **esclavistas**, propietaria de los **medios de producción** y de la **fuerza de trabajo**, a la que debía sostener. El MPE fue el primer **MDP** que se basó en la **propiedad privada** de los medios de producción. Características del MPE: **agricultura** como producción dominante, mano de obra esclava y -en el caso de la **esclavitud** antigua- **comercio** marítimo centrado en el Mar Mediterráneo, etc. El MPE se habría originado, según **Godelier**, en el **MDP antiguo**. La esclavitud fue el MDP sobre el que se asentó la riqueza, el bienestar y los logros de los hombres libres de la **Antigüedad** clásica. Más allá de algunos logros técnicos (método de soplado de vidrio, molinos giratorios para el grano), el crecimiento económico del MPE se basó en la expansión territorial, la conquista, el desarrollo comercial y el **trabajo forzado**, aunque el **excedente** era escaso. La civilización clásica greco-romana tuvo un carácter colonial: el crecimiento económico dependía de la conquista militar de **territorios** y esclavos. Como planteó Anderson, "Los campos de batalla proporcionaban mano de obra para los campos de cereales y, viceversa, los trabajadores cautivos permitían la creación de ejércitos de **ciudadanos**". Ejemplo del MPE es -además de las **ciudades-Estado** griegas y el **Imperio Romano**- la **colonización española** en América, que apeló también a formas esclavistas. El MPE declinó como forma dominante aproximadamente en el siglo V, con los inicios de la **Edad Media**, al constituirse en una traba para el **desarrollo** de las **fuerzas productivas**. Fue sustituido por el **MDP feudal**, pero diversas formas de esclavitud han existido hasta el siglo

XX. **MDP feudal (siglos V-XIV):** Forma de **producción** basada en la **servidumbre**, el **trabajo forzado** de los **siervos** en favor de la **clase aristocrática** hereditaria propietaria de la **tierra**, la **nobleza**, a quien aquellos estaban obligados por la **coacción** física a entregarles parte de su producción en concepto de **tributo**. Fue el MDP dominante en la **Edad Media**. Las características del MPF son: escasa **población**, producción para el autoconsumo (**economía de subsistencia**), baja **división del trabajo**, sociedad encerrada en sí misma, casi incomunicada, poco intercambio comercial, ausencia de una autoridad política, militar y monetaria central –**soberanía** fragmentada-, formación de **feudos** (grandes tierras bajo el **poder** de señores **feudales**), una cultura religiosa **tradicionalista** que no permitía el cuestionamiento de las "verdades divinas", con un orden jerárquico inamovible y con la **Iglesia** Católica como máxima autoridad. **Godelier** plantea que el MPF habría surgido de la combinación del **MDP germánico** y el **MDP esclavista**. El crecimiento de las ciudades y el comercio a partir de los siglos XI a XIII tuvo que ver, en parte, con el deseo de los campesinos de liberarse de las cargas impuestas por los señores. En las ciudades -gobernadas por reyes y príncipes- el **señorío** no tenía peso, lo que daba a los habitantes libertades que atacaban las bases del feudalismo señorial. En esos **burgos** comenzó a formarse la **clase social** que siglos después provocaría el derrumbe del MPF: la **burguesía**.

Mortalidad: Cantidad de fallecimientos cada mil habitantes (ver **tasa de M**).

M infantil: Cantidad de niños muertos antes del año de vida. Los **países subdesarrollados** tienen altos índices de MI (ver **tasa de MI**).

Mortandad: Cantidad de muertes superior a lo normal producida por **epidemias**, pestes, **guerras** o cualquier otro tipo de catástrofe natural o provocada por la acción del hombre.

Movilidad (funcionalismo): Cambio de *status* social, político, económico, cultural o de otra índole, experimentado por una persona o un **grupo** en una **sociedad** dada. Llamada también M social, es el pasaje de los **individuos** de un **grupo** o **estrato social** a otro en la **pirámide social**. Posibilidad reconocida socialmente de cambiar de *status* o **situación de clase** dentro del **sistema** de **estratificación social**, fenómeno posible en las **sociedades** modernas y abiertas donde el mérito individual y la competencia se imponen sobre criterios tradicionales como el **abolengo**. La MS –que no debe identificarse con la **movilidad** profesional o con las **migraciones**– puede ser **ascendente**, **lateral** o **descendente**, aunque también se habla de una **MS horizontal** o **vertical**. También puede darse MS en el caso de un grupo. Según **Di Tella**, la MS carece de objetivos políticos. Tipos de M: 1- **ascendente:** Pasaje de los **individuos** de un **grupo social** inferior a otro superior en la escala de **estratificación social**. Por ejemplo, cuando un empleado administrativo es ascendido a Jefe de Personal, 2- **descendente:** Pasaje de los **individuos** de un **grupo social** superior a otro inferior en la escala de **estratifi-**

cación social. Por ejemplo, cuando un ejecutivo pierde su puesto y no puede asistir más a algún club exclusivo, 3- **intergeneracional:** Cambios que se producen en la posición social de los hijos respecto de sus padres, 4- **intrageneracional:** Cambios que se producen en la posición social de un **individuo** a lo largo de su vida. Se distingue de la **movilidad intergeneracional**, 5- **social horizontal:** Pasaje entre dos posiciones sociales de un mismo nivel dentro de la **pirámide social**. Un ejemplo de la MSH es la movilidad territorial. Sin embargo, si una persona se muda, digamos, de Villa Soldati a Recoleta, esa movilidad territorial debe ser considerada como vertical. Otros ejemplos de MSH –también llamada **movilidad social lateral**– son el cambio de **religión** o de **partido político**, el divorcio y formación de una nueva **familia** o el cambio de **trabajo** (manteniendo el mismo título o profesión y con un nivel de **ingresos** y un reconocimiento similares). Opuesto: **movilidad social vertical**, 6- **social vertical (funcionalismo):** Desplazamiento entre posiciones sociales distintas, una inferior a la otra, dentro de la **pirámide social**. Hay varias modalidades: económica, política, profesional, etc. Opuesto: **movilidad social horizontal**.

Movilización (Gino Germani): La M involucra a **grupos** que –si antes se guiaban por patrones tradicionales de obediencia a **normas** internalizadas– pasan luego a tener una participación deliberativa en el campo político. Esta participación la pueden conseguir a través de luchas desorganizadas, explosiones revolucionarias, organización en **parti-**

dos, expresiones religiosas, etc. Se distingue –en este sentido– de la **integración**. Tipos de M: 1- **primaria**: Puesta en movimiento de sectores hasta entonces pasivos o con hábitos "quietistas". Se opone, en este sentido, a la movilización secundaria, 2- **secundaria: Grupos** movilizados que ya cuentan con una primera experiencia previa de **movilización** por sus reivindicaciones. La MS implica también que ya se han instalado en la **masa** movilizada nuevos esquemas pasivos de comportamiento, 3- **social: movimiento** de los sectores sociales dentro de un orden sociopolítico. Proceso de ruptura de lealtades de tipo **tradicional** por parte de estratos bajos hacia estratos superiores, en sociedades agrarias de bajo nivel tecnológico. Referente en particular a América Latina, la MS describe la forma en que los sectores populares comienzan a intervenir en el consumo de bienes y servicios y en la toma de decisiones a partir de una toma de conciencia provocada por "expectativas crecientes" (G. Germani). Una forma de MS, la más simple, es el movilizacionismo, en que esas masas disponibles se articulan con un líder.

Movilizacionismo (Torcuato Di Tella): Relación caudillista bastante directa entre un **líder** de las *élites* dirigentes y **masas** inexpertas y desorganizadas pero movilizadas. Para que esa alianza sea exitosa, es preciso que un **grupo social** medio o alto (civil o militar) se convierta en una *élite* **anti** *statu-quo*, es decir un grupo que -aún estando en lo alto de la **pirámide social**- cuestione algunos o todos los aspectos del

modelo de **dominación** social. Esto lo llevará a buscar el apoyo de aquellas **masas en disponibilidad** para imponer un nuevo modelo. Los factores que llevan al M son económicos, emotivos e ideológicos. El líder nace del deseo de sus seguidores: por un lado diversos factores (condiciones de vida, experiencia organizativa, **migración**) crean una demanda masiva (**Germani** las llamaba "expectativas crecientes"); por el otro, tensiones en niveles medios o altos hacen que ciertos grupos salgan de los carriles normales de su **clase**. El esquema movilizacionista es la conjunción de esas demandas con la **oferta de liderazgo**. Existe un estado de **disponibilidad de las masas**, pues si bien éstas han rechazado al sistema de vida anterior (por ejemplo, en el caso de los **migrantes internos** del **peronismo**, el rechazo de su vida **rural**) aún no han optado por otro. Este concepto de **movilización** se usa para describir el pasaje de una situación rural y tradicional hacia una **urbana** y moderna, aunque también se lo emplea para describir el cambio en la misma zona rural o en las grandes ciudades.

Movimientismo: Movilización de **masas** que participan pasivamente en organizaciones jerárquicas e ideológicamente monolíticas, donde las decisiones son tomadas por ciertos **líderes** y donde el **programa** aparece como un elemento secundario frente al vínculo líder-masa. El **peronismo** es un caso típico de M.

Movimiento: Agrupamiento social y político caracterizado por la prioridad dada a la **movilización** de ciertos sectores sociales por la reivindicación de objetivos parciales o particulares, lo que deja en un segundo plano objetivos políticos o generales, tales como conquistar el **poder** político –propio de los **partidos políticos**–.

Movimientos sociales: Búsqueda de cambios en forma deliberada y consciente por parte de un **grupo social** estimulado por tensiones sociales acumuladas y orientado a la confrontación con un adversario determinado. Siendo el **movimiento obrero** surgido en el siglo XIX el ejemplo de MS clásico –el que busca transformaciones de tipo global–, en las últimas décadas ha surgido el concepto de **nuevos MS** (ver), formas colectivas de identidad y solidaridad no centradas en la **producción** ni vinculadas directamente con las **clases sociales** sino basadas en otro tipo de factores –étnicos, de género, religiosos, ambientales, etarios, etc–. E. Jelin ha definido a los MS como un conjunto de acciones colectivas con alta participación de base, que utilizan canales no institucionalizados y que -al mismo tiempo que van elaborando sus **demandas**- van encontrando formas de acción para expresarlas y se van constituyendo en **sujetos** colectivos, es decir reconociéndose como **grupo** o categoría social.

Muestra: Parte de una **población** estudiada que se supone es representativa del conjunto. De este modo, el investigador supone que las conclusiones halladas en la M podrán generalizarse (a través de un cálculo de probabilidades) a toda la población en cuestión.

Muestreo: Método de **encuesta** por **sondeo** consistente en seleccionar una **muestra** representativa de un **grupo** determinado. Aunque el M sea pequeño, si está correctamente realizado, de la muestra se pueden deducir las cualidades del conjunto. En las muestras probabilísticas todos los elementos del **universo de análisis** pueden ser escogidos para la muestra, ya que se elige al azar. Es por ello que se establece también un **error muestral** o **margen de error**. Este M aleatorio puede ser: simple (cuando las unidades no son tantas se apela al sorteo), sistemático (se utiliza un coeficiente de elevación n/n (n = número de unidades del universo y n = cantidad de elementos de la muestra). Es útil sólo si el universo es homogéneo), estratificado (si el universo es heterogéneo, se las debe agrupar en **estratos** (grupo interno homogéneo) antes de elegir, de modo que la muestra sea representativa de esa heterogeneidad. Para clasificar en estratos se utilizan determinados parámetros (por ejemplo, el lugar de residencia). El **error estadístico** será mayor cuanta más pequeña sea la muestra tomada). En las muestras no probabilísticas no se elige al azar. Así, en la muestra por cuotas se aplican determinados criterios de selección, que en general son categorías básicas (sexo y edad), las que se usan como cuotas, sin importar las diferencias internas dentro de cada grupo. Con esto se corre más riesgos, pero se trabaja más rápido y barato. En las muestras cualitativas la idea no es generalizar. Es por ello que aquí se usa la muestra según propósitos o selección basada en criterios, que implica una búsqueda intencional de hechos, grupos o personas de acuerdo con la información que se quiere obtener. Por ejemplo, se puede buscar a los lugareños nativos típicos del contexto estudiado para hacerles entrevistas. Otra opción es el M teórico, en donde se eligen sólo aquellas unidades que aporten a la teoría que se está elaborando.

N

Nación: Conjunto de hombres que, viviendo dentro de un mismo **territorio**, están unidos por una misma **cultura** e **historia**, y algunos rasgos en común (**lengua**, **raza**, **religión**, etc, aunque no todos necesariamente), reconocen un mismo origen y persiguen un mismo destino. El **término** tiene un origen moderno, al menos en la acepción actual; anteriormente, una persona se reconocía como perteneciente a una religión o a una región, pero no a un país. Así, alguien podía auto-identificarse como cristiano o como borgoñés, pero no era probable que se definiera como francés. La suma de un territorio y una **población** unidos por lazos comunes conforma una N, lo cual significa que no se trata de un **concepto** político ni jurídico –a diferencia del concepto de **Estado**– sino sociológico, aunque la confluencia de ambos conceptos ha dado lugar históricamente al Estado nacional. Por otra parte, existen N sin Estado –los judíos antes de la formación del Estado de **Israel**, los armenios, los vascos–, N dispersas en distintos Estados –los gitanos, los árabes– y Estados plurina-

cionales –como la Federación Rusa–. La **Revolución Francesa** fue la que implantó la idea del **Estado-N** (ver) por encima de las divisiones sociales de **clases** y privilegios **feudales**. El **marxismo** ha cuestionado el uso ideológico de la N por parte de la **burguesía**, acusando a ésta de ocultar detrás del interés nacional común, su interés de clase. De allí que el marxismo se defina como internacionalista, es decir, en defensa del interés internacional de la **clase obrera**, por encima de las diferencias nacionales. De todas formas, la **política** de los **comunistas** en el **poder** tras la **Revolución Rusa** fue la de respetar las nacionalidades, reivindicando su derecho a la independencia, defendiendo además el carácter progresivo de las naciones oprimidas en su enfrentamiento con los **nacionalismos imperialistas**.

Natalidad: Cantidad de nacimientos producidos en un período determinado, por lo general un año (ver **tasa de N**).

Necesidades básicas insatisfechas (NBI): **Índice** que mide la **pobreza estructural**, que se produce en personas que atraviesan algunas de las siguientes situaciones: hacinamiento, vivienda precaria, existencia en el hogar de algún tipo de retrete, deserción escolar y **variables** combinadas que indican una falta probable de **ingresos** suficientes. Un hogar es pobre cuando tiene una carencia en al menos uno de esos cinco factores.

Neomaltusianismo: **Doctrina** que plantea el control de la **natalidad** argumentando que ello produce un mejoramiento en el **nivel de vida**. (Ver **maltusianismo**).

Nobleza: En general, *élite* que goza de privilegios (civiles, militares, fiscales, electorales, etc) no accesibles al resto de la **sociedad**. En particular, **estamento** privilegiado de la **sociedad feudal medieval**, propietario de **tierras** obtenidas por concesión de un **Rey** o por herencia familiar. La N forzaba a los **siervos** a entregar parte de su **producción** agrícola bajo la forma del **tributo**, a cambio de protección militar. Durante la **Edad Media**, la N alcanzó su máximo poderío con el debilitamiento de la **monarquía**. Así, igual que en la antigua **Roma**, los reyes otorgaron a los nobles poderes militares, administrativos y económicos, también a cambio de protección armada. Durante la **Edad Moderna**, la N cedió su **poder** militar pero se estableció en la corte, asumiendo diversos cargos y manteniendo sus **rentas** y derechos. Mientras que la N es una condición social adquirida hereditariamente (N de sangre), la **aristocracia** es la cualidad de los "mejores" (lo cual no puede transmitirse por sangre). El historiador M. Bloch plantea que la aristocracia es una N de hecho a diferencia de la N de **derecho** que surgió en los siglos XII y XIII (N de servicio o de mérito). La N fue fuerte hasta que el triunfo de la **Revolución Francesa** le asestó un golpe decisivo y consolidó a la **burguesía** como nueva **clase dominante**.

Nomadismo: Forma de vida de algunos **pueblos**, caracterizada por un cambio constante de lugar de residencia en razón de la necesidad de asegurarse medios de subsistencia. Ejemplos de N son: los **cazadores-recolectores** y los pastores. Existe también una forma de N temporario o estacional, la trashumancia.

Normal: Lo normado, pautado, lo preestablecido socialmente. Lo que se ajusta a **normas** fijadas de antemano. Opuesto: natural. En **Foucault**, categoría central del **modelo** de **poder disciplinario**. Lo N es un principio de **coerción** y estandarización de la vida presente en todas partes: en las escuelas (de allí, la escuela "normal"), en los hospitales, en las **fábricas**. El **poder** de normalización obliga a la homogeneidad (todos están en el **sistema**) pero a su vez individualiza, fijando a cada uno niveles, especialidades, etc, haciendo útiles las diferencias, ajustándolas unas con otras en un mecanismo único. La constitución y definición de lo N en cada época, es inseparable de lo que es declarado "anormal".

Nuevos movimientos sociales (década de 1960 →): Movimientos sociales que –a diferencia de los tradicionales– no se movilizan por reclamos sectoriales o puntuales ni impugnan en general al orden social imperante, sino que se centran en **demandas** vinculadas a **valores** generales, como los **derechos humanos**, la **ecología** o la paz. Algunos autores ven en los NMS nuevas formas de hacer **política**, ante la crisis de los canales de **representación** tradicionales –en particular de los **partidos políticos**-.

Nuevos pobres (América Latina, década de 1980 →): Grupos de **clase media** que perdieron **ingresos**, **trabajo** y/o

ahorros hasta caer en la **pobreza**. Son grupos sociales anteriormente no pobres y que tenían cubiertas sus **necesidades básicas**, con acceso a la enseñanza media e incluso superior y un número de hijos por familia menor que el de los **pobres estructurales**. Sin embargo, a pesar de esos beneficios, tienen dificultades para sostener un **consumo** cotidiano que cubra sus necesidades, sufren **desempleo**, falta de cobertura de salud, precariedad laboral, etc. Este sector también es conocido como perteneciente a la franja de la *"pobreza crítica"*, diferenciándose en este sentido de la *"pobreza extrema"*.

Número índice: Cifra que se toma como base para medir la evolución de una **variable** en el tiempo. Por ejemplo, el **índice de precios al consumidor** o los índices de **desempleo**.

Nupcialidad: Relación entre el número de **matrimonios** y la **población** total de un **territorio**. (Ver **tasa de N**).

Objetivación del carisma (Max Weber): Pasaje de las cualidades carismáticas desde el **líder carismático** a las **instituciones**. Implica una apropiación del **cuadro administrativo**, de los poderes de mando y de las probabilidades lucrativas, además de establecer **normas** de **educación** o de prueba para el reclutamiento.

Obrero: En un sentido restringido, el O es el **trabajador manual** de la indus-

tria. En un sentido amplio, O es el que pertenece al **proletariado**. También puede utilizarse esta denominación para referirse a todo **trabajador asalariado** que vende su **fuerza de trabajo** a un **capitalista**. Según su nivel de capacitación y especialización laboral, existe 1- el **O calificado: Obrero** que realiza tareas intelectuales, administrativas o manuales combinadas con el uso de máquinas y cuyos **conocimientos** requieren una preparación o estudios previos. En términos generales, el OC se identifica con el **trabajador de cuello blanco** y 2- el **O no calificado: Obrero** que realiza tareas manuales muy elementales, sin que las mismas requieran preparación o estudios previos. En términos generales, el ONC se identifica con el **trabajador de cuello azul**.

Observación de campo: Evaluación de un **objeto de estudio** en el lugar y condiciones naturales en el que éste se encuentre.

Observación participante: trabajo de **campo** en el que se estudia a una pequeña **sociedad** como unidad de análisis, conviviendo con ella y aceptando el **rol** que la **comunidad** le dé. Exige una convivencia prolongada, el dominio de la **lengua** del lugar y la participación del investigador en la vida cotidiana del **grupo**.

Ocupación: Parte de la **fuerza de trabajo** empleada. Opuesto: **desocupación**. **Ocupación plena:** Situación en que se encuentra la parte de la **población económicamente activa** formada por los que trabajan 35 o más horas semanales.

Oligarquía: Aunque etimológicamente significa "gobierno de unos pocos", en la teoría de **Aristóteles** la O hace referencia al gobierno de los ricos o poderosos en su propio interés, deformación de la **aristocracia**. Es una de las tres formas impuras o deformadas de gobierno, junto con la **tiranía** y la **democracia**. Su característica es controlar la riqueza, aunque no generarla. Los usos del término son numerosos y contradictorios: muchas veces se lo ha utilizado para esquivar el análisis de las **clases sociales** –en lugar de **burguesía**-proletariado se ha planteado el conflicto principal en términos de O-**pueblo**-. Otras se ha usado el término para referirse a los **terratenientes** (y a los propietarios de minas), o para designar a una alianza de clases o de **fracciones**, e incluso para hablar de cierta combinación de clase y de forma de dominación de un grupo reducido o cerrado de personas y familias. Desde el **nacionalismo** y el **populismo**, se ha hablado también de la O como algo distinto de la burguesía, especialmente de la **burguesía nacional**, dado que aquella –supone cierta visión– se une al **imperialismo** y ésta enfrenta a ambos. En otra lectura, el **Estado** oligárquico sería una forma previa del **Estado capitalista** o burgués. Finalmente, están aquellos que describen la existencia de una "democracia oligárquica". Waldo Ansaldi señala los siguientes de la O: no es una clase social; es una forma de **dominación** en manos de un pequeño grupo que excluye a la mayoría de la sociedad de las decisiones, y que se

maneja con la **coerción** (allí donde hay un **consenso** de las **clases subalternas**, éste es pasivo); esa dominación oligárquica puede ser ejercida por diversas clases, fracciones o grupos (sociales y hasta familiares): terratenientes capitalistas o no capitalistas, burgueses y/o una alianza de clases o fracciones de todas ellas; define un tipo de régimen o de **Estado**, el régimen o Estado oligárquico opuesto –no al régimen o Estado burgués o capitalista– sino al régimen o Estado democrático (esto es: la forma opuesta de la dominación política oligárquica es la democracia). Esta dominación tiene como base a la **hacienda**, matriz de las sociedades latinoamericanas. De la **institución** familia se gesta cierta alianza de "notables" (que forman "clubes políticos" de carácter privado) que se eleva luego a otras instituciones semipúblicas y **públicas** ("partidos" y especialmente el **Parlamento**), Esa dominación genera un "modo de ser oligárquico", sostenido en determinados rasgos de tradición, **linaje, raza**, ocio y dinero. Las características del modo de dominación oligárquico serían: base social angosta (burgueses, hacendados, plantadores, mineros, comerciantes); reclutamiento cerrado de cargos políticos entre "notables", esto es, aquellos que pertenezcan a cierto linaje, familia, apellido, parentesco, tradición, o que posean prestigio, dinero, amistades o habilidades o méritos políticos o militares; exclusión de disidentes y opositores por ser considerados peligrosos y **cooptación** de individuos (transformismo molecular) o grupos potables (transformismo orgánico); ejercicio del poder político que combina la centralización y la descentralización (control intraoligárquico, **clientelismo**, **burocracia**); lealtades más familiares, grupales y personales que políticas; **autoritarismo**, paternalismo y verticalismo; autopercepción de ser los elegidos para gobernar por parte de sus miembros; limitación del derecho de **sufragio** (legal o de hecho); predominio de la dominación por sobre la dirección política, basada en violencia física y simbólica; "Estado capturado", más central que nacional; pacto oligárquico entre regiones (por ejemplo, la *República Velha* en **Brasil**), subordinación de varias regiones a una más dinámica (el valle central de **Chile**, Buenos Aires) o combinación de espacios conflictivos (**Perú**, Ecuador, **Colombia**). En América Latina, la O como dominación política (que Halperín Donghi llamó **"orden colonial"**) abarca el período 1880-1930 o 40, aunque en países como Perú y El Salvador se prolonga más tiempo. Es el período de **economías primarias** exportadoras, dependientes de la **importación** de productos industriales desde los países capitalistas centrales. Esta dominación se ejerce en sociedades **agrarias** fuertemente estratificadas y con prácticas paternalistas, burocráticas, clientelísticas, donde interactúan oligarcas, coronales, gamonales, caciques, **caudillos**, clientes y compadres. El poder oligárquico tiene una **estructura** piramidal, desde los poderes locales hasta un vértice unipersonal (**Roca** en **Argentina**) o pluripersonal (los Aycinena en Guatemala, los Aspillaga y los Pardo en Perú, los Errázuriz Echaurren en Chile). Esto implica –siempre según Ansaldi– que la dominación oligárquica es al mismo tiempo

concentrada y fragmentada, con un espacio público privatizado que impide al Estado administrar en forma democrática los conflictos sociales, dado que es "capturado" por el grupo dominante. Históricamente, el proceso que lleva a la dominación oligárquica va desde luchas interoligárquicas entre diversas regiones (**soberanía** múltiple) hasta su confluencia en un único dominio nacional y geográfico que unifica a las O y canaliza sus disputas internas en una coincidencia general (monopolización del poder). Finalmente, Ansaldi señala la condición de la O de dominante-dependiente: dominante con el pueblo pasivo, dependiente con el **capital extranjero**. En síntesis, para Ansaldi la O es la forma de dominación política de clases estructuralmente débiles, fuertes en el campo, pero frágiles en la ciudad.

Operacionalización: Proceso de búsqueda de **indicadores** que permitan conocer el comportamiento de una **variable**. La O se utiliza especialmente cuando se trabaja con variables muy teóricas o abstractas (por ejemplo, "prestigio") que necesitan ser "bajadas a tierra" por medio de indicadores (por ejemplo, una encuesta de imagen de un político) para poder ser observadas y medidas. De este modo, la O es la base para obtener una **definición operacional**.

Opinión pública: Punto de vista colectivo, impersonal y abiertamente difundido de un conjunto importante de la **población** acerca de asuntos de trascendencia general.

Órdenes: Ver **estado**.

Organicismo: Idea de que el mundo y la **sociedad** tienen un funcionamiento análogo al de un organismo biológico. Pueden considerarse propios del O a los planteos de **Spencer**, Shelling, Bergson y **Whitehead**, entre otros.

Organización: Conjunto de personas que persiguen fines determinados, idénticos o complementarios (**asociaciones**, si sus objetivos no son lucrativos, o **sociedad**, en el caso contrario).

Owen, Robert (1771-1858): El más importante pensador del **socialismo utópico** en **Gran Bretaña**. A pesar de ser **empresario**, impulsó el **cooperativismo** y bregó por mejorar las condiciones de vida de los **trabajadores** en el marco de la **Revolución Industrial.** Dirigiendo una fábrica de quinientos **obreros**, redujo la jornada laboral de catorce a diez horas y media. La mejora, sin embargo, no satisfizo a O, quien escribió: "Estos hombres son mis **esclavos**".

P

Pacto social: Acuerdo o concertación entre los **trabajadores** y los **empresarios** sobre la distribución del **ingreso**, las condiciones laborales y otros temas, bajo los auspicios del **Estado.** Es habitual en **gobiernos** de tendencia **corporativista** o **neocorporativista.**

Panóptico: Modelo de cárcel creado por Jeremy **Bentham**, pensador del siglo XVII, en el que Michel **Foucault** descubrió el modelo de la **sociedad capitalista** moderna, ya que las relaciones de **poder** y **saber** que rigen en esa cárcel rigen en toda la sociedad, a través de las **instituciones** de vigilancia y corrección. La forma del P (que quiere decir "ojo que lo ve todo") es como un anillo, donde se ubican las celdas, mientras que en el centro hay una torre desde la que se ve todo el interior de las celdas, las que tienen vidrios tanto adelante como atrás -por lo que la luz las atraviesa- permitiendo una vigilancia plena del loco, el enfermo, el condenado, el obrero, el escolar, etc, que a su vez no puede ver al que lo vigila por la misma **estructura** de la construcción. En lo que Foucault llamó una "arquitectura de la vigilancia", cada uno de estos **sujetos** está solo como lo está el preso en la celda, perfectamente individualizado y visible (pensemos en ejemplos de hoy en día: somos **individuos** fácilmente ubicables: el **Estado** dispone de servicios de **inteligencia**, de archivos de identidad, prontuarios, historias de vida, etc. Pensemos en formas de censura o represión, como "tomar distancia" en el colegio, como no hablar en la **fábrica** mientras se produce, como el chaleco de fuerza, como la creación de **valores** y **discursos** a través de los **medios**, como el pecado religioso, etc). Foucault sostiene que en la **dominación** moderna ya no se trata de ocultar en la oscuridad -porque la oscuridad en el fondo protege- sino de hacer visible para controlar, para vigilar y para lograr la auto-vigilancia y la auto-disciplina. El P sirve a Foucault para su **teoría** del poder: el P es una máquina de crear y sostener relaciones de poder, independientemente del que lo ejerce, y se centra en tres ejes: vigilancia, control y corrección. El poder se automatiza y desindividualiza; ya no está concentrado en el Estado o en la **clase dominante. Panoptismo (Michel Foucault):** Nueva forma de **poder** que se consolida en **Occidente** en la etapa más avanzada del **sistema capitalista.** La **sociedad panóptica** es una identidad entre prisión y **sociedad.** El poder panóptico corresponde a una sociedad que -con el fin de formar y transformar a los **individuos** en función de la medida que constituye "lo **normal**"- debe someterlos a examen, vigilancia, control y corrección en todos y cada uno de los ámbitos o espacios: el hospital, la **fábrica,** la escuela, la oficina, el manicomio, la prisión, etc.

Paritarias: Negociaciones colectivas entre **empresarios** y **trabajadores** convocadas por el **Estado,** donde se establecen convenios y pautas de condiciones laborales, **salarios,** etc.

Parroquialismo: Tendencia a ver la realidad desde un punto de vista excesivamente localista. El P es característico de sociedades tradicionalistas y de **economías agrarias.**

Parsons, Talcott (1902-1979): Sociólogo estadounidense, uno de los más importantes teóricos del **funcionalismo** y creador del llamado **estructural-funcionalismo.** Adversario del **inductivismo** y heredero de la **Sociología** de E. **Durkheim** y la **Antropología** de B. **Malinowski,** P pretendió desarrollar un **sistema** teórico formal a partir de un enfoque **deductivo.** P utilizó como **modelo** a la biología y trató de explicar los

fenómenos sociales en comparación con los procesos de los organismos vivos. Concibió a la **sociedad** como un todo o **estructura** en el que las partes se encuentran en relación de interdependencia cada una cumpliendo su **rol** o **función** y asumiendo determinado *status*, gracias a lo cual se mantiene en equilibrio. De acuerdo con su "**teorema** fundamental de la Sociología", las orientaciones que motivan a los **individuos** (influencia de **Weber**) se corresponden con las orientaciones y **valores** sociales –internalizados a través del **proceso** de **socialización**-, lo que garantiza el equilibrio de la sociedad (influencia de **Pareto**). Los valores sociales se cristalizan en **instituciones** que gobiernan las relaciones y **conductas** del sistema social –formado por diversos subsistemas-, en el marco de un **consenso** en las normas básicas. Diversos mecanismos de **control social** (creencias, costumbres, **ritos**, etc) mantienen acotadas las **conductas** sociales "desviadas" –lo que R. **Merton** denominará **disfunciones**-. Una de las críticas centrales a la visión de P es que éste prácticamente no deja márgenes de maniobra a los individuos, que aparecen como simples reproductores de valores socialmente aprehendidos, crítica en la que coinciden los **liberales** individualistas, los **weberianos** y el **marxismo.** También ha sido objetado su desdén por el reconocimiento y análisis de los conflictos sociales. Su obra –surgida en un momento de auge de la sociedad **capitalista** luego de la **Segunda Guerra Mundial** y teniendo como marco a la **Guerra Fría**- es uno de los pilares de las posturas **conservado-**

ras (centradas en la integración social y el consenso en las **democracias de Occidente**) dominantes en los **EE.UU.** Entre sus obras principales encontramos a: *La estructura de la acción social* (1937) y *El sistema social* (1951).

Patronal: Clase empresarial, el conjunto de los **capitalistas** o **burguesía**, los dueños de los **medios de producción** y del **capital**.

Pauperismo: Pobreza, especialmente la de las grandes ciudades industrializadas.

Pauperización: Empobrecimiento o **movilidad social descendente**. En particular, **Marx** planteó la P de la **clase obrera** en el **capitalismo**. En la terminología de la **Sociología** contemporánea, el término alude al nuevo **proceso** de empobrecimiento social en donde comienza a prevalecer una **movilidad social descendente**.

Peón: Trabajador asalariado de baja calificación. El P rural se diferencia del **campesino** en que éste dispone de una pequeña **propiedad de tierra**. También existe el P urbano (por ejemplo, el P de taxi).

Pequeña burguesía: Clase social que en el **capitalismo** ocupa una posición intermedia entre la **burguesía** y el **proletariado**. Llamada también "clase media". La PB tradicional se forma de: 1) quienes, teniendo **medios de producción** y empleando **fuerza de trabajo**, se definen básicamente por su propio trabajo y, 2) propietarios de medios de producción que no emplean mano de obra **asalariada**. Pero dentro de la PB tenemos además una amplia gama de sectores no propietarios, como: 1) asalariados que tienen funciones de mando intermedias (capataces, controles de calidad, supervisores, etc), 2) asalariados con un saber especializado (técnicos, ingenieros, etc), de los que el **capital** extrae su conocimiento, 3) no asalariados, que tienen cierto control sobre sus condiciones de trabajo (profesionales liberales, como abogados o médicos independientes). Así, aunque un rasgo de la PB es la pequeña propiedad, hay sectores sociales no propietarios e incluso de asalariados que tienen determinado nivel de instrucción o **cultura**, que lleva a considerarlos como parte de la PB. Sin embargo, para algunos autores es incorrecto considerar como miembros de la PB a algunos de estos sectores (como, por ejemplo, los **trabajadores de cuello blanco**).

Pequeña producción mercantil (Karl Marx): Sociedad en la que ya no sólo se produce para la subsistencia (**sociedad primitiva**) sino que se genera un **excedente**, una **mercancía** que se vende con el objetivo de conseguir **dinero**, de modo que permita volver a producir una mercancía, a vender en el **mercado**. **Marx** sintetizó este esquema con la fórmula M-D-M (mercancía-dinero-mercancía). Típica de la actividad del **campesino** y el **artesano**, la PPM fue desplazada por el **capitalismo** y el esquema mencionado se invirtió, derivando en la **fórmula general del capital**, donde –como sintetiza E. Mandel- ya no se vende para comprar, sino que se compra para (producir y) vender.

Pirámide de población: Representación gráfica (en general por medio de un triángulo) donde se clasifica a la **población** de una zona determinada según edades y sexos.

Plebe: En la antigua **Roma, clase social** de los **ciudadanos,** incluyendo pequeños comerciantes, **artesanos** y los sectores más bajos, comunes o pobres o los que no pertenecen a los **patricios** (**nobleza, Iglesia,** militares). Con posterioridad, el término se aplicó a las clases populares en general y –despectivamente– al "populacho". Posteriormente, también se denominó "**estado llano**".

Plebiscitario: Alude en general al vínculo directo de un **líder** con una **masa** que lo sigue incondicionalmente.

Plustrabajo (Karl Marx): Parte del **trabajo** en la que el **obrero** produce **plusvalía. Trabajo excedente.**

Plusvalía (Karl Marx): Uno de los componentes del **valor** –junto con el **capital constante** y el **capital variable**–. Es la diferencia entre el valor de la **mercancía fuerza de trabajo** que el **capitalista** adquiere por su **valor de cambio** y el valor que el **obrero** crea cuando se pone a trabajar –**valor de uso,** mayor que el valor de cambio–. Es así la parte del **trabajo** producido por el **trabajador** que el capitalista se apropia sin dar retribución alguna, y es también la forma monetaria del **produc-**

to social excedente. La P se produce porque el trabajo del obrero se divide en dos partes: en la primera, el trabajador reproduce su propio valor –cobra un **salario** que le permite comer, vestirse y volver a la **fábrica** cada día-. Este es el valor de la fuerza de trabajo, representado por el salario. En la segunda parte, el obrero produce un valor que supera su propio valor: un plus-valor o plus-valía (cuyo significado es "más valor"). Veamos un ejemplo: supongamos que un capitalista dueño de una cadena de hoteles internacionales, contrata a un cocinero para que haga tortas en uno de sus hoteles. Lo contrata por 12 horas diarias, por $ 800. Es decir que –en principio- 12 horas de su fuerza de trabajo valen $ 800. En las primeras 6 horas de su jornada de trabajo, el trabajador asalariado produce el equivalente en tortas a lo que él necesita para comprarse ropa, comer y mantener a su familia. En esa mitad de la jornada de trabajo, el obrero produce el equivalente al valor de su fuerza de trabajo. Es decir, que produjo tortas por $ 800. De otro modo, no se explicaría que comprando huevos, harina, azúcar y fuerza de trabajo, digamos por $ 1200, el capitalista obtenga ganancia. Si los huevos, la harina y el azúcar le costaron $ 400 y el obrero $ 800, el capitalista vende las tortas en el mercado por $ 1600, quedándose con una ganancia de $ 400. ¿De dónde salió la **ganancia?** Los huevos, la harina y el azúcar sólo reproducen su valor en el valor final de la torta. De modo que sólo la fuerza de trabajo agrega un valor mayor al propio. La ganancia de la clase capitalista se basa en la extracción de P a la **clase obrera**, es decir, en la **explotación** del trabajo ajeno. Del ejemplo del cocinero, nos quedan las 6 horas restantes: el resto de la jornada producirá otro tanto, es decir, tortas por un valor de $ 800, sin recibir nada a cambio. En la otra mitad de la jornada de trabajo, el obrero produce el **plusvalor** que se apropia el capitalista. Así, el valor de la fuerza de trabajo es $ 800, pero el valor del trabajo es $ 1.200 ($ 1.600 - $ 400 de **materias primas** para hacer la torta, **depreciación** de máquinas y herramientas, etc). Los $ 400 restantes son un valor que el cocinero produjo gratis para el dueño del hotel, que lo acumula como **capital**. De este modo, vemos que esa P le permite al capitalista acumular capital, comprar nuevas mercancías y reiniciar el ciclo, explotando de nuevo a la fuerza de trabajo. El capital es trabajo humano acumulado que se usa para explotar más trabajo humano y de ese modo acumular más y más. Existen dos formas: 1- **P absoluta:** Tipo de **plusvalía** consistente en la prolongación de la jornada de **trabajo** de modo que el **trabajador** produce más en términos absolutos sin recibir aumento de **salarios** (o recibiendo una menor proporción). La PA solamente afecta la duración del trabajo, mientras que la **plusvalía relativa** transforma los procedimientos técnicos, 2- **P relativa:** Tipo de **plusvalía** en el que el **trabajador** produce más en términos relativos, produciendo más en igual período de tiempo, lo que implica un aumento de la intensidad y de la **productividad** del **trabajo** (por ejemplo, cuando se acelera la velocidad de una cinta transportadora para que el **obrero** incremente su ritmo de **producción**). Ocurre cuando- como efecto de alguna innovación tecnológica- disminuye el **tiempo de trabajo socialmente necesario** o tiempo social medio que el obrero utiliza para su propia reproducción (el **trabajo necesario**) y por ende aumenta la parte de la jornada de trabajo en la cual produce **plusvalía** (el **trabajo excedente**).

Plusvalor: Ver **plusvalía**.

Población: Conjunto o totalidad de los habitantes que habitan un **territorio** dado. **Objeto** de estudio de la **demografía**. Acepciones: 1- **P: Universo** total de casos que abarca un **fenómeno** a estudiar. Investigar todos los casos posibles de algo implica examinar a la P. En cambio, si se investiga sólo a una parte representativa de la misma, se estará analizando a una **muestra** de ella, formada por un número limitado de **unidades de análisis**. Por ejemplo, un estudio de las diez bebidas cola que existen en un **mercado** es una **investigación** sobre la P de bebidas cola, 2- **P económicamente activa (PEA):** Conjunto de personas en edad de trabajar, que trabajan o buscan **trabajo** activamente. Es la suma de las personas que trabajan 35 o más horas semanales (**ocupados plenos**), más las que trabajan menos de 35 horas y los que hacen "changas" con cierta continuidad (**subocupados**) y las que trabajan muy ocasionalmente o que no trabajan en absoluto pero que buscan trabajar (**desocupados**), 3- **P económicamente inactiva:** Son las personas que ya no buscan **trabajo**, sumados a los que carecen de posibilidades de empleo (niños, discapacitados, ancianos, etc), 4- **P ocupada:** Grupo de las personas que están trabajando.

Pobreza: Según la **CEPAL,** la P incluye a aquellos hogares que no pueden satisfacer las necesidades básicas de sus miembros, quienes por ello no pueden desarrollarse física y psicológicamente ni adquirir ciertas habilidades socioculturales que les permitirían salir de esa situación. Son características de la P: bajo nivel de **consumo**, desnutrición, condiciones habitacionales precarias, bajos niveles de **educación**, inserción laboral inestable, actitudes de desaliento, **anomia** y poca integración social. En la **Argentina**, para el **INDEC** es pobre quien no posee **ingresos** suficientes para adquirir una canasta básica de alimentos y servicios, mientras que es indigente el que ni siquiera puede cubrir un mínimo de proteínas y calorías. La P se mide a través de la llamada **línea de P.** A diferencia de estas definiciones, el **marxismo** ve a la P en términos de población sobrante, es decir la masa de desocupados más sumergidos, lo más bajo del **ejército industrial de reserva.** En este sentido, la P no sería una consecuencia no querida del **capitalismo** sino una herramienta para bajar **salarios** y regimentar a la **clase obrera.** Acepciones: 1- **P crítica:** Ver **nuevos pobres,** 2- **P crónica:** La PC combina las **necesidades básicas insatisfechas** con la situación de un **individuo** de encontrarse por debajo de la **línea de pobreza.** Pertenecen a la PC los grupos poblacionales que históricamente fueron

pobres o estuvieron en la **pobreza extrema,** 3- **P estructural:** Situación de **necesidades básicas insatisfechas** perpetuadas en el tiempo y cuyas condiciones de vida hacen difícil la salida de allí. Algo estructural es algo que tiene que ver con la **estructura** misma de la **sociedad,** no es un problema pasajero sino algo que hunde sus raíces en las condiciones mismas que definen al **sistema** social, 4- **P extrema:** Ver **línea de indigencia,** 5- **P inercial:** La PI mide a los hogares con **necesidades básicas insatisfechas** pero con ingresos superiores a la **línea de pobreza,** 6- **P reciente:** La PR es típica de los llamados **"nuevos pobres"**, sectores sociales con sus **necesidades básicas** cubiertas pero que tienen **ingresos** por debajo de la **línea de pobreza.**

Poder: Weber lo define como la probabilidad de imponer la voluntad propia en una **relación social** contra cualquier tipo de resistencia por parte de los otros participantes de esa relación (ver también **dominación**). Weber divide al P en P económico, político e ideológico. También vincula al P con los **partidos políticos.** Acepciones de P en Weber: 1- **P económico: Poder** que se basa en la posesión de **bienes** o riquezas, 2- **P político (Max Weber): Poder** del **Estado,** que detenta en forma exclusiva y **legítima** los medios de **coacción** física. **Parsons** sostiene que el P se basa en el **consenso** y en la **legitimidad** y no en la **coacción,** mientras que otras visiones distinguen el momento del P como el aspecto coercitivo y la **influencia** como el elemento de **consenso.** Para el **marxismo,** el P se basa en la coacción ejercida por la **cla-**

se dominante en las relaciones de producción sobre la clase dominada. Por tanto, la visión marxista objeta la idea foucaultiana de que el P esté "disperso" y sostiene que aquella clase social que detente la propiedad de los medios de producción es la que tiene el P que es centralmente económico y que se expresa luego en el P político (el Estado) e ideológico. Foucault plantea otra visión del P, con las siguientes características: a) el P no es la propiedad de una clase sino una estrategia: el P no se tiene; el poder circula, b) no se identifica con una institución ni con un aparato ni tiene un único lugar de origen, sino que está en todos lados (microfísica del poder, criterio de espacialización), c) no es una esencia sino una relación, d) no actúa por la violencia o la ideología, sino por la vigilancia, el control, la disciplina, la repetición rutinaria y la normalización. Así, para Foucault el P se sostiene, no tanto por la fuerza que niega sino porque produce cosas, induce placer, forma saber, produce discursos. Para Foucault, el P no es algo exclusivamente negativo que reprime, prohíbe, oculta o disimula: el P produce realidad, produce una verdad y produce individuos disciplinados, adaptados a esa verdad, en una red o multiplicidad de relaciones. Acepciones de P en Foucault: 1- P capilar: Presencia de las relaciones de poder en cada uno de los espacios sociales, por pequeños que sean. Así, existen instituciones de secuestro (asilo, escuela, oficina, cárcel, hospital); que disciplinan, controlan y vigilan a los sujetos, de modo que éstos no pueden escapar al poder, el que está presente en todos lados, todo el tiempo, 2- P disciplinario:

Poder que -en lugar de prohibir, sacar y retirar- tiene como función "enderezar conductas". El PD se basa en un juego de vigilancia, donde cada mirada es un engranaje de la maquinaria del poder. No encadena para reducir o para impedir, sino que busca utilizar aquello que somete: separa, analiza, diferencia, identifica, individualiza, condiciona, domina. La disciplina "fabrica" individuos a los que usa y modela, calculando sus reacciones. Se trata de un micro-poder que no es grandilocuente como el poder del Estado, que es modesto pero permanente y que termina invadiendo a esas formas "macro" del poder. El PD funciona en las cárceles, en las fábricas, en las escuelas, en la familia, en los hospitales, etc. Todo este poder es múltiple, automático y anónimo: no pertenece a nadie en especial, pero nadie puede escapar a él. El PD está en todas partes y controla aún a los que controlan. Es un poder discreto, que funciona permanentemente y en silencio. Su modelo ideal es el panóptico. 3- P pastoral: Forma del poder disciplinario que gobierna la vida privada de las personas. Por el PP, el "pastor" (un médico, un cura, un carcelero, un maestro, un capitalista, etc) se ocupa de cada "oveja" (un paciente, un creyente, un preso, un alumno, un obrero, etc) durante toda su vida explorando qué piensan y sienten las mismas, hasta hacerles revelar sus secretos más íntimos. El poder que vuelve al pastor apto para conducir conciencias es un poder productor de saber. El PP -originado en el poder eclesiástico, pero extendido a todos los espacios sociales- no es un poder institucional sino de un poder que llega hasta los puntos más alejados de la decisión **política**. No funciona sólo a través de los **aparatos de Estado** sino fuera, al lado y por debajo de ellos. Es un **poder panóptico** normalizador, un **micro-poder**, un **poder capilar.** Las relaciones que lo forman atraviesan todo el cuerpo social hasta encarnarse en la **vida cotidiana** y en los cuerpos de los **individuos.**

Policlasismo: Alianza social y/o política entre varias **clases sociales,** el P se opone al **clasismo** -concepción vinculada al **marxismo**-. Así, el P es una característica fundamental del **populismo.**

Polivalencia: Capacidad de tener validez o ser eficaz en varios campos diferentes. Dícese de la situación en que el **trabajador** realiza diversas tareas (ver **flexibilidad laboral**).

Populismo: Doctrina y movimientos que plantean la defensa de los intereses del **pueblo**, entendido como una unidad nacional por encima de las **clases sociales,** y enfrentada a los intereses de una *élite* "**cipaya**" aliada al interés extranjero. Se dice por ello, que el P es nacional, popular y **policlasista**. También llamado **nacionalismo popular,** el P no se plantea transformaciones sociales profundas sino **reformas** dentro del orden social **capitalista.** El P se caracteriza por liderazgos carismáticos con apoyo de **masas** trabajadoras no delimitadas como clase independiente. A. Rouquié lo define como una **dictadura** demagógica que se apoya en las clases populares urbanas, que siguen en forma irracional a un **líder carismático.** En este sentido, el P implicaría también la

incorporación de las masas al orden político y social, realizada desde el **Estado,** es decir, con masas que carecen de independencia. El P es criticado desde el **marxismo**, que lo ve como una "vacuna anti-revolucionaria", que moviliza a las clases que pueden amenazar al **sistema** dominante –particularmente a los **obreros**- pero no para la **revolución** sino -al contrario- para mantener la **dominación** de clase. En este sentido, **Perón** decía "ceder algo para no perderlo todo", "la revolución antes de que la haga el pueblo" o "perder un centavo para ganar un peso". También es atacado desde el **liberalismo** -ya que el P se caracteriza por su desdén hacia la **política** parlamentaria e institucional- y por las visiones **conservadoras** elitistas u oligárquicas. Para Przeworski y Wallerstein, el Estado populista es la versión del **Estado de Bienestar** keynesiano en la **periferia capitalista.** Aunque pueden rastrearse antecedentes en los P ruso y norteamericano del siglo XIX, es en América Latina donde el P se desarrolló con mayor profundidad en las décadas de 1930 y 1940 (también con antecedentes en el siglo anterior), con proyectos industrialistas dirigidos desde el Estado basados en la **sustitución de importaciones** y cierta distribución de la riqueza, bajo fuertes liderazgos carismáticos (por ejemplo, J. Perón, G. Vargas, L. Cárdenas y el aprismo peruano).

Posición social (Max Weber): Situación de los **individuos** en el proceso de **consumo** (estilo de vida). Influyen en la PS el *status* del **individuo** en la **sociedad** (**propiedad, poder, prestigio**) y los **roles** desempeñados.

Positivismo (siglo XIX): Filosofía y método científico que plantea como postulados básicos: 1) que los **hechos empíricos** y la **inducción** son los únicos medios eficaces del **conocimiento**, rechazando la **metafísica** y la **teología**, 2) que las diferentes disciplinas científicas deben tener el mismo **método** más allá de que tengan diferentes **objetos** (**monismo metodológico**), 3) que las **ciencias naturales** -la física matemática en especial- constituyen un **modelo** para el resto de las **ciencias**, incluidas las humanidades, 4) que la **explicación científica** consiste en encontrar **leyes** que involucren a gran cantidad de casos individuales, demostrando la **causa** de un tipo de **fenómeno** y, 5) que debe ser posible prever lo que va a ocurrir en el futuro, y para eso hacen falta fuertes leyes **generales**. Son autores claves del P: Francis **Bacon**, David **Hume**, John S. **Mill** y Augusto **Comte**.

Posmodernidad (década de 1960 →): La P cuestiona la concepción moderna del **progreso** como camino ascendente y progresivo, considerando los resultados adversos de la **industrialización** y la utilización de la **tecnología**, entre otros aspectos. También pone sobre el tapete la idea de la **sociedad** como una totalidad, reivindicando en su lugar una visión de la sociedad como una multiplicidad de fragmentos y espacios, incluso en temáticas como el **poder** –bajo la influencia de M. **Foucault**–. El **discurso** posmoderno propone resaltar la diversidad, el individualismo, la multiplicidad de **lenguajes** y el **relativismo axiológico** –es decir que frente a los valores, no se toma posición: "**todo vale**"–. En

este sentido, la P recibe el influjo del pensamiento de F. **Nietzsche**, de donde se nutre para elaborar conceptos como la "crisis de las certidumbres" o "metarrelatos", el "**fin de la historia**" o el sin sentido del mundo. En particular, la P implica un rechazo a las explicaciones generales o **teleológicas** de la **historia** como las que proporcionan la salvación divina o la **revolución** de raíz **marxista**. Algunos críticos han planteado que la P opera como un mecanismo ideológico reproductor del llamado **capitalismo** posindustrial. Entre los principales pensadores ligados a la P tenemos a G. Vattimo y J. F. Lyotard.

Precarización: Proceso de deterioro de las condiciones laborales. Así, forman parte de la P la llamada **flexibilización laboral**, el **trabajo en negro**, los bajos **salarios**, etc.

Prestigio: El P (social) es uno de los elementos considerados por **Weber** en su **teoría** de la **estratificación social**, junto con el **poder** (político) y la **riqueza** (económica). Se trata de un atributo social vinculado con el **honor** o respeto ligado a una **posición social** o profesión. Como reconocimiento o reputación del que un **individuo, grupo,** organización o profesión goza dentro de la **sociedad**, el P es fundamental para determinar el *status* individual o grupal y su pertenencia a determinado **estamento**. Las causales de P son: el éxito económico, el estilo de vida, la **educación**, el tipo de **trabajo**, las **costumbres**, los gustos, los modales, las tradiciones, las convenciones, el **carisma** (mágico, político o religioso), el nacimiento o la pertenencia a una **aristocracia** hereditaria, las posesiones, etc.

Primera Revolución Industrial (1750-1830 aprox.): Primera etapa de la **Revolución Industrial** y del **capitalismo industrial**, con centro en **Inglaterra**, caracterizada por el uso del vapor como fuente de **energía**, el **carbón** como combustible, el hierro como **materia prima**, el **taller manufacturero**, el ferrocarril, el telégrafo, el desarrollo de la física, etc. El período 1760-1800 fue la etapa del desarrollo de las industrias textil –con el algodón de Manchester como símbolo- y metalúrgica. A partir de 1800 surgen el **sistema de fábrica** y la **maquinización**, la urbanización, el uso de la máquina de vapor y los primeros trenes, momento en que Inglaterra pasó a ser "**El taller del mundo**". Según **Hobsbawm**, la PRI fue primitiva y los aparatos y técnicas utilizadas eran simples. Con ella, se consolidaron las dos clases fundamentales del capitalismo: la **burguesía** y el **proletariado**.

Proceso de trabajo: Es aquel por medio del cual el hombre crea y confecciona los **productos** que le permiten satisfacer sus necesidades y deseos. Está formado por la articulación de la **fuerza de trabajo**, la **materia bruta** o **materia prima** y los instrumentos de **trabajo**. **Marx** lo definió como la actividad racional o trabajo útil, encaminado a la producción de **valores de uso** mediante el intercambio de materias entre la naturaleza y el hombre. En el caso del PDT **capitalista**, el objetivo del capitalista es producir valores de uso que posean a su vez **valor de cambio**, es decir, que sean **mercancías**.

Proceso de valorización (Karl Marx): Fase de la **producción capitalista** en la que se crea la **plusvalía**, **proceso de formación de valor** que a partir de determinado punto excede la reproducción de la **fuerza de trabajo** y genera un **plusvalor**, no remunerado por el **capitalista** y fuente de la **acumulación de capital**.

Producción: Proceso de transformación social de la naturaleza a partir de la intervención del **trabajo** humano. Proceso mediante el cual los **factores de P** se combinan entre sí para producir los **bienes** y **servicios** que desea la **población**. La P puede medirse en unidades físicas -o unidades de servicios idénticos- o en términos de **valor** -es decir, todo lo que se produce involucra la creación de un valor, desde un zapato a una computadora o a una obra de teatro-. Para el punto de vista **marxista** ver **modo de P** y **relaciones de P. P en serie: P** estandarizada, masiva y basada en la **línea de montaje**. La PS fue la base del **fordismo**.

Productividad: Relación entre lo obtenido tras un **proceso** productivo y los **factores de producción** utilizados en el mismo. La P –como la **producción**- puede medirse en unidades físicas producidas en determinado tiempo por unidad de **insumo** –por ejemplo, piezas por hora-hombre- o en términos de **valor**. La P de los factores de producción depende de un sinnúmero de elementos (**tierras fértiles**, **obreros** más hábiles, etc). Esto nos conduce al **capital** humano, es decir a la **P del trabajo**: inversión en conocimientos, habilidad o capacitación. Pero también es clave la innovación de la **tecnología**, que redunda en un esfuerzo humano menor por cada unidad de **producto**. Para el punto de vista **marxista** ver **plusvalía**. **P del trabajo**: Relación entre la **producción** obtenida y la cantidad de **mano de obra** empleada. Se mide por el tiempo de **trabajo** invertido para producir cada unidad de **producto** o por la cantidad de productos elaborados en determinada cantidad de tiempo. La PDT aumenta con la incorporación de **tecnología**.

Proletariado (marxismo): Clase social de los **trabajadores** que –al carecer de la **propiedad** de los **medios de producción**– vende su **fuerza de trabajo** a la **clase capitalista** –clase propietaria de los mismos– a cambio de un **salario**, produciendo **plusvalía**. El P incluye: 1- A los trabajadores productivos, productores directos que valorizan **capital** (es decir, que producen plusvalía), como es el caso del **P industrial** y el **P rural**, 2- A los **empleados** o **trabajadores de cuello blanco** (otras visiones los consideran parte de la **pequeña burguesía**), que no crean valor directamente (es un **P improductivo**) pero participan en su realización, reproducción y/o circulación, siendo explotados por el capital (parcelación de tareas, dependencia de máquinas como puede ser el caso de las computadoras para los oficinistas, etc), 3- Los que son explotados subocupados, en trabajos precarios, marginales e inestables, constituyendo una **mano de obra** desocupada encubierta y

4- Los desocupados o **ejército industrial de reserva**. **Marx** plantea que -debido a la posición que ocupa en el proceso de **producción**- el P o **clase obrera** es la clase destinada a derrocar en forma revolucionaria al **capitalismo**. Si bien el término tiene su origen en Roma, haciendo referencia a la clase más pobre cuya única **propiedad** la constituían sus hijos o prole, fue el **marxismo** el que le dio su actual **significado**, hablando más exactamente del **P moderno**, la clase de los **asalariados**, de los que viven de su propio **trabajo** y son explotados por el **capital**. Acepciones del término: 1- **improductivo**: Fracción del **P** que no genera **plusvalía**. El PI genera **beneficios** para el **capitalista** individual que lo contrata, pero no aumenta el **capital** social. El PI transfiere el **valor** creado en la esfera de la **producción** pero no lo crea, repartiendo de este modo la masa de **plusvalor** entre las fracciones del capital. Caso típico es el de los **empleados** o **trabajadores de cuello blanco**, 2- **industrial**: Fracción del **P** que trabaja en la **industria**. El PI constituye el núcleo de los productores directos que valorizan **capital** (trabajo productivo). Si bien hay una tendencia a confundirlo con todo el P, el PI implica un **trabajo manual** desarrollado en la **fábrica capitalista** moderna, 3- **moderno**: P surgido con la irrupción del **capitalismo**. **Marx** explica en el capítulo de *El Capital* dedicado a la **acumulación originaria** cómo fue el proceso de su formación. Los antecedentes del PM podemos encontrarlos en la **población medieval** que no pertenecía a ningún tipo de organización o **institución** (como una **gleba**, **gilda**, oficio, **corporación**, **comuna**, etc) y que alquilaba sus brazos por hora o por día. Aproximadamente en los siglos XIII-XV, en algunas de las ciudades del **Medioevo** (Florencia, Venecia, Brujas, etc), apareció una suerte de **mercado** de **trabajo**, lugar donde las personas pobres y sin oficio concurrían a ofrecer sus servicios a **comerciantes** y **empresarios**. En segundo lugar, el PM se originó como resultado de la disolución de los **séquitos feudales**, a partir de la decadencia de la **nobleza** desde los siglos XIII-XIV, que se extiende hasta la **Revolución Francesa**. Cuando en el siglo XVI los **precios** subieron, las **clases** que vivían de **ingresos** fijos se empobrecieron, la nobleza entre ellas. Esto obligó a los **señores** a despedir masivamente a sus séquitos, con lo que miles de criados, **empleados** y servidores del señor se convirtieron en desamparados y mendigos. En tercer lugar, miles de **campesinos** fueron expulsados, cuando sus **tierras** -que hasta entonces se destinaban a cultivo- fueron expropiadas en favor de **latifundistas** que las utilizaron como praderas para que allí paste y se alimente el ganado ovino (lo que se explica por un aumento de la **demanda** mundial de lana). Por último, la competencia de la **industria** moderna -especialmente con la irrupción de la **Revolución Industrial**- llevó a la quiebra a miles de **artesanos**, que fueron a parar mayoritariamente a las filas del PM. El PM se ha constituido junto con la **burguesía**, en clase fundamental del **modo de producción capitalista**. Si bien algunas **teorías** –modernas y posmodernas- sostienen su agotamiento como clase con diversos argumentos (desindustrialización, robotización, etc), lo cierto es que nunca como en la actualidad ha existido una masa tan numerosa de millones de **asalariados** que venden su **fuerza de trabajo** por carecer de **medios de producción**, que en definitiva es la característica esencial que Marx estableció para el PM, 4- **productivo:** Fracción del **P** que produce **plusvalía** realizando un **trabajo productivo**, que caracteriza a la relación de **explotación** dominante en el **modo de producción capitalista**. El PP está formado por el **P industrial** y el **P rural**, 5- **rural:** Fracción del **P** que desarrolla un **trabajo manual** en un campo perteneciente a un propietario o **arrendatario**, y que produce **plusvalor** a cambio de un **salario**.

Prólogo a la contribución a la crítica de la economía política (**Karl Marx, 1859**): Breve texto en el que **Marx** expone la base del **materialismo histórico**, imaginando la metáfora de un edificio: sobre la **base económica** o **estructura** material de la **sociedad** –el lugar de la **producción**- se edifica una **superestructura** de ideas e **instituciones** –entre ellas la más importante: el **Estado**-. En el momento en que el desarrollo de las **fuerzas productivas** choca con las **relaciones de producción** existentes se abre una época de **revolución** social. En diversos textos- incluido *El Capital*-, Marx destacó que esa división sólo existe a nivel teórico, ya que el **marxismo** es el "punto de vista de la totalidad". Esto significa que es falsa la conclusión sacada por numerosos autores vinculados con el **stalinismo** o la **socialdemocracia**, acerca de que "la estructura es la **economía** y la superestructura es la política": lo que prima en todos los terrenos es la **lucha de clases**, el "motor de la historia".

Propiedad: La definición jurídica dice que la P es un **derecho** o facultad de disponer de una cosa, o un dominio exclusivo de una **persona** sobre una cosa. Sin embargo, desde el **marxismo** se ha criticado a esta definición, con el argumento de que -al definir la P como una relación entre una persona y una cosa- se disimula su **función** social y económica, que la teoría **socialista** califica como "explotación". **Marx** distingue diferentes tipos de P: 1- **personal:** Tipo de P surgido del **trabajo** propio. Según el **marxismo**, la PP es legítima, distinguiéndose de la **P privada**, fruto de la **explotación** del **trabajo** ajeno, 2- **privada:** Tipo de P en que los **medios de producción** y los **productos** del **trabajo** pertenecen a particulares. Para el **contractualismo** y la **economía clásica**, la P es un **derecho** natural. Para el **marxismo**, la PP determina la división de la **sociedad** en dos **clases**, una propietaria y la otra no propietaria, y la consiguiente formación del **Estado**. Según Marx, la PP es resultado de la **explotación** del trabajo ajeno, mientras que la **P personal** surge del propio trabajo, 3- **tribal:** Tipo de P característico de **sociedades** con una **división del trabajo** muy primitiva, con un nivel de vida al nivel de subsistencia y una economía basada en la caza, la pesca, la cría de ganado y la **agricultura**. Su **estructura social** se basaba en un **sistema patriarcal** (**gobierno** de los jefes de tribus o ancianos).

Pymes: Abreviatura de las pequeñas y medianas **empresas**. **Fracción** pequeña y/o mediana de la **burguesía**. Las P emplean a la mayor cantidad de **trabajadores** (se considera pequeña a la empresa que tiene entre seis y cincuenta **empleados** y mediana entre cincuenta y ciento cincuenta) pero cuentan con baja **tecnología**.

R

Racionalización: Procedimiento característico de la **sociedad capitalista** industrial que implica una definición explícita de fines más un cálculo preciso de los medios para alcanzarlos (ver la entrada **acción racional con arreglo a fines** de Weber). Se basa en reglas explícitas, un campo de aplicación delimitado con precisión, uso de conceptos y conocimientos especializados y la sistematización de la actividad en un todo coherente. Es la forma superior de organización administrativa por su precisión, rapidez, reducción de fricciones y costos. La R es típica de la **burocracia** moderna. **R del trabajo:** Baja de los **costos** de producción por la aplicación de la **organización científica del trabajo** y la **producción** en escala.

Rebelión: Alzamiento violento contra los **poderes** establecidos. Cabe diferenciar entre una **R militar** y una **R popular**. Categoría propuesta por el sociólogo **funcionalista Robert** Merton, que se entiende como la situación donde las metas, los **valores** y los medios sociales tradicionales son superados por otros nuevos. Gluckman la distingue de la **revolución**: mientras que la R implica el desplazamiento de los **individuos** que ejercen el **poder**, la revolución es más profunda, ya que se trata de un cambio de **sistema** en el que el poder opera.

Reforma agraria: Conjunto de medidas tomadas por el **poder** político con el fin de modificar el régimen de tenencia de la **tierra**, por lo general en favor de los **campesinos** y pequeños productores y en desmedro de los grandes propietarios. Por ejemplo, en las llamadas **revoluciones burguesas**, la RA afectó a los intereses de la **nobleza feudal**, mientras que la **Revolución Rusa** y otras revoluciones anticapitalistas confiscaron grandes **latifundios** que fueron cedidos al **campesinado**, bajo el control del **Estado obrero**.

Reforma intelectual y moral (Antonio Gramsci): En general, el concepto refiere a todo cambio cultural y moral profundo, revolucionario, que se da en una **sociedad**. En lo particular, es la denominación gramsciana de la **revolución socialista**, del nuevo tipo de sociedad a la que aspiraba y de la concepción del **hombre nuevo**, con nuevos **valores**, basados en la solidaridad y el esfuerzo compartido. Otros ejemplos de RIYM en la **historia** fueron la **Reforma Protestante**, el **Renacimiento** y la **Ilustración**.

Reformismo: Doctrina sostenida por los llamados revisionistas del **marxismo**, encabezados por Eduard **Bernstein** y Karl **Kautsky**. El R planteaba el **socialismo** como objetivo, pero no a través de la **revolución social** –base del marxismo– sino por medio de reformas parlamentarias paulatinas en el marco de la **democracia burguesa**. El R fue defendido fundamentalmente por la **socialdemocracia**, que fue adoptando posiciones definidamente procapitalistas. En la actualidad, el R se vincula con el llamado **progresismo** y el **centroizquierda** que postulan la renuncia a la **lucha de clases** y la conciliación entre el **capital** y el **trabajo**.

Reino de la libertad (Karl Marx): Denominación dada por **Marx** a la situación de los hombres en la **sociedad comunista**. Requiere un desarrollo altísimo de las **fuerzas productivas**, la desaparición de la división entre el **trabajo manual** y el **trabajo intelectual** y la reducción de la jornada de **trabajo** a un mínimo, entre otras características. Marx imagina que en el comunismo, el desarrollo de las fuerzas productivas será tan alto y la riqueza producida será tan abundante –y disponible para todos– que ninguna persona tendrá que penar en su vida por no tener trabajo o por tenerlo en exceso. De ese modo, Marx imagina a un hombre que trabaje quizá unas pocas horas –la **tecnología** lo permitiría– y se dedicaría el resto del tiempo a vivir la vida, a disfrutar de su familia, de la naturaleza, del arte y de todo lo demás. En esta sociedad rige el principio **"De cada cual según su capacidad, a cada cual según su necesidad." Reino de la necesidad (Karl Marx):** Denominación dada por **Marx** a la situación de los hombres anterior a la instauración de la **sociedad comunista**. La necesidad se explica porque en esa fase aún subsiste la división entre el **trabajo manual** y el **trabajo intelectual**, las **fuerzas productivas** no se han desarrollado lo suficiente y el **trabajo** sigue siendo considerado un medio de subsistencia. En esta sociedad rige el principio "**De cada cual según sus capacidad, a cada cual según su trabajo.**" La primera etapa en el camino al comunismo -el **socialismo**- nace directamente de la sociedad **capitalista**, por lo que todavía recibe sus influencias (por ejemplo, el egoísmo o la competencia). Allí, la gente aún está acostumbrada a hablar de "lo mío" y "lo tuyo". Por eso, en dicha fase la **distribución** se haría en base al **trabajo** aportado por cada uno. Se trata aún, de un **derecho** que -por igualar en el trabajo- es desigual (ya que algunos pueden rendir más que otros).

Relación social (Max Weber): En **Sociología comprensiva**, conductas que incluyen a varios **individuos**, es decir que se trata de una **conducta** plural, la cual esta basada en un **sentido** recíproco. En una RS, los **actores** se orientan por las expectativas que tienen acerca de la conducta de los otros. Supone la idea de interacción, pero no la solidaridad entre los **actores**, ya que su contenido puede ser diverso: conflicto, enemistad, amor, piedad, etc. **Weber** describe dos tipos de RS: instrumental, donde la conducta de B es un medio para realizar los fines de A y no instrumental, donde el fin de A es lograr una cierta conducta en B. Desde otro ángulo, existen dos formas de RS: la **comunidad** y la **sociedad**.

Relaciones de fuerza (Antonio Gramsci): Diferentes momentos o formas en que se manifiesta la **lucha de clases**. Por un lado, están las RF sociales o fundamentales, aquellas relaciones materiales **objetivas** vinculadas al **modo de producción** dominante. Por el otro, las RF políticas, momento **subjetivo** donde las clases se organizan para luchar por el **poder**, y donde se constituyen la **cultura** dominante y la **hegemonía**. Y por último, la RF militares, que es el momento de la confrontación física entre las clases.

Relaciones de producción (Karl Marx): Relaciones económico-sociales fundamentales de un **modo de producción** (su **base económica**) que dependen del nivel de **desarrollo** de las **fuerzas productivas**. Relaciones sociales de **explotación** entre las **clases sociales**, necesarias e independientes de la voluntad de los hombres. Las RP dan forma a la **estructura** de **clases** y a determinadas formas económicas y políticas. Dependen de la desigual apropiación de los **bienes**. También se las puede definir como las diferentes formas que tienen los hombres de asociarse para llevar a cabo el **proceso de producción**, en torno a la **propiedad** o no propiedad de los **medios de producción**. Junto con las fuerzas productivas, las RP configuran a un modo de producción.

Relaciones de propiedad: Formas de **distribución** de los **medios de producción** y la **fuerza de trabajo** en cada **sociedad**. Las RP determinan la división de la sociedad en **clases sociales**.

Reproducción: **Proceso** de repetición cíclica de la **producción.** Incluye la R de las **fuerzas productivas,** las **relaciones de producción** y los **bienes.** Se divide en las fases de producción, **distribución,** cambio y **consumo.**

Resocialización: Ruptura de **valores** y **modelos** de comportamiento previamente aceptados y su reemplazo por otros.

Retraimiento (Robert Merton): Categoría propuesta por este sociólogo **funcionalista** que se entiende como la situación en la que una **sociedad** carece de metas y de medios.

Revolución: Cambio abrupto y profundo que implica el reemplazo de un **modelo** vigente por otro que se le impone. Algunas aplicaciones del concepto: 1- **de las expectativas crecientes:** Situación en la que se produce una reformulación de los **valores** de los **grupos** subalternos de una **sociedad,** que dejan de percibir como natural e inmodificable su condición subordinada y comienzan a realizar reclamos de igualdad social a través de diversas formas de protesta, 2- **Industrial:** Conjunto de innovaciones tecnológicas que reemplazan la habilidad y **energía** del hombre (y del animal) por la máquina y la energía mecánica y motriz, provocando el pasaje de la **producción** artesanal a la fabril, dando nacimiento a la **industria** moderna. **Revolución Industrial (Inglaterra, 1750-1830):** Primer pasaje histórico –en **Inglaterra** primero y en un conjunto de países europeos y unos pocos más en el resto del mundo, después– des-

de una economía artesanal y **agraria** a otra dominada por la **industria** y la **manufactura** mecanizada. El **crecimiento** económico, la innovación tecnológica y organizativa y las transformaciones sociales son algunos de los rasgos centrales de la RI. El nivel de **producción** y **productividad** aumentó en ese período como nunca antes en la **historia** de la Humanidad. La **burguesía industrial** impulsó este **proceso.** Al mismo tiempo, los niveles de **explotación** y miseria de los **asalariados** fueron enormes. La industria comenzó a crecer, mientras que el sector **agropecuario** comenzó a perder su liderazgo. Algunas de las principales características de la RI fueron las siguientes: se difundieron las **fábricas,** creció la **urbanización,** aumentó la **población** urbana, se formaron y/o consolidaron la burguesía industrial y el **proletariado industrial,** se aceleró la **innovación tecnológica,** creció el **comercio,** se desarrollaron los transportes y las comunicaciones, se desarrolló la **clase media,** mejoró la **educación,** subió la esperanza de vida y bajó la **mortalidad infantil.** Entre las **teorías** que intentan explicar el origen de la RI están aquellos que cuestionan –precisamente– la existencia de una **revolución,** planteando –en cambio– una **"evolución acelerada"** en el marco de la continuidad de un proceso de transformaciones previas que se fueron acumulando (**Nef, Ashton**). **Rostow** –por su parte– aportó el concepto de **"despegue"** o *"take off",* como primer motor del proceso de **industrialización,** 3- **social:** Cambio violento de las relaciones de **propiedad** y las **relaciones de producción** impulsado por **clases sociales** revolucionarias, hasta entonces dominadas por otras. Utilizando la **dialéctica** hegeliana, **Marx** explica el fenómeno de la RS como el resultado del conflicto entre las **relaciones de producción** y las **fuerzas productivas**: hay momentos en que las relaciones de producción que favorecen a la **clase dominante** son una traba para el **desarrollo** de las fuerzas productivas (**tesis**). Una clase que va progresando y desarrolla las fuerzas productivas puede presionar a las viejas relaciones de producción, provocando la reacción de la clase dominante, porque está amenazado el orden vigente (**antítesis**). Si la clase en ascenso es lo suficientemente fuerte, puede abrirse "una época de RS" y de ese conflicto pueden surgir nuevas relaciones de producción (**síntesis**), que volverán a ser armónicas con las fuerzas productivas. Hasta que la rueda vuelva a girar... (nueva tesis, nueva antítesis, nueva síntesis...). De este modo, vemos que las relaciones de producción pueden hacer avanzar a las fuerzas productivas o pueden convertirse en una traba, todo depende de la **lucha de clases** en cada época. Por ejemplo, antes del capitalismo las relaciones de producción **feudales** –que rechazaban los cambios- frenaban el desarrollo del **comercio**, la **industria** y la **ciencia**. Fue entonces cuando la burguesía como fuerza productiva naciente y revolucionaria, se rebeló, hasta cuestionar las bases materiales del **feudalismo** y derrocarlo. La **burguesía** impulsó con las relaciones de producción capitalistas, el desarrollo de las fuerzas productivas (esto es muy claro con la **Revolución Industrial**). Con el tiempo, dice Marx, esa misma clase social comenzó

a ser un freno hasta llegar a destruir a las fuerzas productivas. Por ejemplo, las dos **guerras** mundiales del siglo XX han provocado una formidable destrucción de las fuerzas productivas: vidas humanas, edificios, maquinaria, campos, etc. Marx plantea entonces que, cuando las relaciones de producción frenan el desarrollo de las fuerzas productivas, y éstas se rebelan, se abre la mencionada época de RS, 4- **tecnológica: Difusión** de un nuevo "**factor llave**" o "**núcleo tecnológico**" que produce la consolidación de un nuevo **paradigma** tecnológico dominante, resolviendo los problemas que traban la **reproducción ampliada** de una **formación social**.

Revoluciones burguesas (Europa, siglos XVI-XIX): Toma del **poder** político por parte de la **burguesía** a través de una **revolución social** violenta, lo que implicó la **confiscación** de la **nobleza** y sentó las bases materiales para el **desarrollo** del **capitalismo**. La primer RB se produjo en Holanda en el siglo XVI. Pero fueron sin duda la **Revolución Inglesa** del siglo XVII y la **Revolución Francesa** del siglo XVIII las más importantes. También son consideradas RB las **revoluciones de 1830** y las **revoluciones de 1848.**

Ritualismo (Robert Merton): Categoría propuesta por este sociólogo **funcionalista** que se entiende como la situación donde los **individuos** consideran que las metas o fines sociales planteados son negativas, y sólo se aprueban los medios.

Rol (Robert Merton): Índice de comportamiento que define determinadas situaciones estandarizadas a partir de **normas** que establecen **conductas** predeterminadas. Por ejemplo, cuando una persona va al médico sabe que en esa situación puede hacer ciertas consultas y no otras, de acuerdo a los R pre-establecidos del médico y del paciente. Puede preguntar sobre temas concretos de salud, pero no sobre el destino o la vida sentimental (para eso sería más adecuado el R de una adivina o bruja). Para desempeñar un R siempre es necesario otro desempeñando otro R (médico-paciente, maestro-alumno, padre-hijo, etc). El R o **papel social** es independiente de las características personales de cada **individuo**. Así, si el *status* social es lo que la **sociedad** piensa que el individuo *es*, el **R social** es lo que la sociedad piensa que el individuo *hace*. A cada *status* o posición que un individuo o grupo ocupa en la **estructura social** le corresponde cierto R o comportamiento socialmente esperado. **Rol social (funcionalismo):** Lugar **objetivo** que ocupa cada **individuo** en la **sociedad** de acuerdo con su capacidad personal. Otra definición describe al RS como la pauta de **conducta** que se espera de las personas que ocupan un *status* determinado.

S

Saint-Simon, Claude Henry de Rouvroy (1760-1825): Sociólogo y filósofo francés **positivista**, uno de los representantes del **socialismo utópico**. En tiempos de la **transición del feudalismo al capitalismo**, reivindicó la importancia de la **industria** para la **sociedad**, incluyendo dentro de lo que llamó **"clase industrial"** a **obreros** y patrones, oponiéndola a la **aristocracia**, clase parasitaria o **"clase ociosa"**. Su **doctrina**, el sansimonismo, planteaba que cada persona debe ser clasificada de acuerdo con su capacidad y remunerada según su **trabajo** (**idea** que tomará **Marx**). Propuso también una **economía planificada**. No tuvo en cuenta, sin embargo, la **lucha de clases**, privilegiando una lectura armonicista de la sociedad. Influyó también en el pensamiento de Augusto **Comte**. Entre sus obras principales encontramos a: *De la reorganización de la sociedad europea* (1814).

Sanción (funcionalismo): Mecanismo o **norma** reguladora que castiga los comportamientos que atentan contra la reproducción del **equilibrio social**.

Sanción represiva (Émile Durkheim): Aplicación a un **individuo** de un castigo determinado por haber transgredido una **norma**. La SR es propia del **derecho penal**. Es el tipo de **derecho** que se aplica en la forma de **solidaridad mecánica**, ya que en el cumplimiento de la norma influye en forma decisiva el miedo al castigo. **Sanción restitutiva:** Reestablecimiento del orden existente al momento de que se violara una **ley**. Por ejemplo, un hombre inicia un **juicio** por daños y perjuicios para que se le restituya la pérdida que lo llevó a iniciar el **pleito**. Es el tipo de **derecho** que se aplica en la forma de **solidaridad orgánica**. El fundamento de este tipo de adhesión a la **norma** está determinado por el reestablecimiento del derecho que le corresponde al otro. Opuesto:

sanción represiva.

Secularización: Transformación de lo **sagrado** o religioso en **profano** o **secular. Proceso** por el que **sociedades** organizadas en torno a **normas** y **prescripciones** de tipo sagrado o tradicional se convierten en sociedades abiertas a las innovaciones. De acuerdo con la óptica de G. **Germani**, la S implica un proceso de **modernización** económica –impulso a la **división del trabajo**– y de **crisis** de los **valores** tradicionales -en particular de la **religión**- y de creciente predominio de la **razón** y de la **racionalización** de la **política**.

Sedentarismo: Condición de un **pueblo** que se establece en un lugar fijo, donde produce lo necesario para subsistir. Opuesto: **nomadismo**.

Segunda Revolución Industrial (1860-1940 aprox.): Segunda etapa de la **Revolución Industrial** y del **capitalismo** (fase **imperialista**), caracterizada por la **asociación** entre la **ciencia** y la **industria**, la importancia del **capital financiero**, el uso de la electricidad como fuente de **energía**, el **petróleo** como combustible, el acero como **materia prima** –fundamental para el **desarrollo** de los **ferrocarriles**-, la vulcanización del caucho, la fabricación de sintéticos, la **línea de montaje** y la mecanización, el motor a combustión, el automóvil y el avión, el teléfono, la radio y el cine, el desarrollo de la química, la formación de los **sindicatos**, entre otros rasgos. **Inglaterra** perdió el papel preponderante que tenía en la **economía** mundial a manos de **Estados** Unidos y **Alemania**.

Sentido: Intencionalidad dada por un **sujeto** a sus **acciones**. Es un concepto esencial de la **Sociología comprensivista**.

Señor feudal: En el **feudalismo**, propietario de la **tierra** o **feudo** que obligaba de por vida a producir para sí a un **siervo**, quien le debía ceder en **tributo** parte de su **producción** y serle fiel, a cambio de protección militar. El SF estaba obligado a proveer a sus siervos de tierras, herramientas de **trabajo** y animales de tiro. Además, en épocas de **escasez** de alimentos debía garantizar a éstos un sustento mínimo.

Servidumbre: Institución feudal basada en la adscripción a la **tierra** del **siervo** (éste formaba parte de la tierra, estaba *"atado"* a ella). **Relación de producción** básica del **modo de producción feudal**, consistente en un **tributo** obligado de los **siervos de la gleba** –reclutados entre **esclavos** liberados– en beneficio del **señor feudal** bajo la forma de **trabajo**, especie (**renta en productos**) y ocasionalmente **dinero** u otro tipo de obligaciones. Su período de **auge** se dio entre los siglos XI y XIII. En **Inglaterra**, hacia los siglos XIV-XV el desarrollo del **comercio** y la difusión del dinero llevaron a los siervos a pagar sus parcelas de tierra al señor no ya con trabajo, sino con una **renta** en dinero, convirtiéndose poco a poco en **arrendatarios** libres.

Servil: Relativo a la **servidumbre**.

Siervo (feudalismo): Clase social semi-libre de los **campesinos** dependientes del **señor feudal**. El S estaba obligado a trabajar al menos tres días a la semana en las tierras del señor, al que le debía obediencia por estar adscripto a la **tierra** de éste (el **feudo**). Decimos que es semi-libre porque, aunque el S estaba bajo control del señor, era un productor independiente desde el punto de vista económico, lo que lo diferencia del **esclavo**. En la **servidumbre**, el S produce no sólo el **excedente** de **trabajo** del que se apropia su señor (**tributo** en especie, parte de la **cosecha**), sino que también puede acumular una **ganancia** para él. Históricamente, los S surgieron de los antiguos esclavos romanos. También llamados "**villanos**" o simplemente **trabajadores** del campo. **S de la gleba: Campesino** que puede ser comprado y/o vendido junto con la **tierra** (se dice que está "adscripto a la tierra").

Sindicalismo: El S es el agrupamiento de los **trabajadores** en organizaciones que defienden los intereses de **clase** de los **obreros** bajo el **capitalismo**. Los primeros S surgieron a comienzos del siglo XVIII en **Inglaterra**; los *trade unions* (asociación de oficios) iniciales no tenían una connotación **clasista**, surgiendo como una organización colaboradora de la **patronal**. Sin embargo, pronto los S lucharán por sus derechos y se ligarán al **marxismo** y al **anarquismo**. En el S del siglo XX encontramos cuatro grandes tendencias ideológicas: 1- El marxismo impulsaba un S revolucionario que se organizara políticamente (es decir, que construyera un **partido obrero**) y que luchara por tomar el **poder** derro-cando al capitalismo e instaurando la **dictadura del proletariado**, 2- El S revolucionario **anarco-sindicalista** que bregaba por la **huelga general** y una **confederación** de **sindicatos** en reemplazo del **Estado**, 3- el S reformista **socialdemócrata** que reconocía la **lucha de clases** pero aspiraba a llegar al **socialismo** en forma evolutiva y a través de **leyes** parlamentarias y, 4- el S reformista que negaba la lucha de clases o se oponía abiertamente a ella como era el caso de los S católicos o del **peronismo** en la **Argentina**.

Sindicato (siglo XVIII →): Organización colectiva que representa los intereses **corporativos** de la **clase trabajadora**, en defensa de sus condiciones de **trabajo** y de vida en la **sociedad capitalista**. Los primeros *trade union* surgieron en **Inglaterra**, impulsados por marineros, mineros, tejedores y calceteros, bajo la forma de **gremios** para **artesanos** especializados. Las protestas obreras ante la miseria sufrida en el marco de la **Revolución Industrial** vieron surgir la idea del S general y su arma más importante: la **huelga general**. Entre mediados del siglo XIX y principios del siglo XX se desarrollaron S anarquistas, comunistas, socialdemócratas y cristianos.

Sistema social (funcionalismo): Conjunto de los **hechos sociales** o diversidad de **actores** que interactúan buscando una retribución en un **sistema** en equilibrio, no contradictorio.

Situación de estamento (Max Weber): Evaluación **subjetiva** que otros hacen de un **individuo** y su posición social, dándole alguna forma (positiva o negativa) de consideración, **honor** o **prestigio** social. Opuesto: **situación de mercado.**

Situación de mercado (Max Weber): Posibilidad **objetiva** de acceso a los **bienes** (limitados) disponibles en el **mercado** por parte de los **individuos.** Según **Weber,** quienes comparten una misma SM pertenecen a la misma **clase social.** Opuesto: **situación de estamento.**

Situación revolucionaria: Conjunto de elementos que prefiguran la posibilidad de una **revolución social.** La SR se caracteriza por la **crisis** de la **clase dominante** -que ya no puede gobernar como hasta entonces-, el acentuamiento de los enfrentamientos entre ésta y las **clases dominadas** y una creciente politización y movilización de éstas. La confluencia de factores **objetivos** y **subjetivos** –desarrollo de la **conciencia de clase**- hace más probable el pasaje de una SR a la **revolución** propiamente dicha, aunque esto no siempre se produce.

Socialismo (siglo XIX →): Según el **marxismo,** el S es una doctrina que plantea como fin la **propiedad colectiva** de los **medios de producción** y como medio la **revolución social** contra el **capitalismo** por parte de los **trabajadores,** a escala mundial. El S marxista –cuyo antecedentes pueden rastrearse en el jacobinismo francés y el S utópico de Saint-Simon– es hostil al **Estado,** aspirando a delegar las funciones de éste en una **sociedad** formada por productores libres, sin **clases.** Para las corrien-

tes **reformistas** –las **socialdemócratas** o las autoproclamadas socialistas–, lejos de oponerse al capitalismo y al Estado, el S es sinónimo de un capitalismo social con fuerte intervención estatal en el **mercado,** con el fin de aliviar las desigualdades sociales. Una variante especial de S es el llamado **stalinismo** que -desde la U.R.S.S.- planteó el S en un solo país, caracterizado por el rechazo de los planteos marxistas y leninistas y la concentración de los medios de producción en manos de un Estado controlado por una fuerte **burocracia** nacionalista, modelo adoptado luego por otros países, entre ellos China. En otro sentido, Marx utiliza el término S para definir a la primera fase en la transición del capitalismo al **comunismo.** En el S, los medios de producción son socializados y desaparece la **explotación** del hombre por el hombre y toda forma de discriminación, pero subsisten aún tendencias provenientes de la vieja sociedad capitalista, por ejemplo, en lo relativo al consumo (donde los productos del trabajo se distribuyen –no de acuerdo a la necesidad (criterio que se impone en el comunismo)- sino según el trabajo aportado por cada uno). Continúan en vigencia todavía el derecho y el Estado, aunque a través del gobierno de los trabajadores o **dictadura del proletariado** el cual –con la paulatina desaparición de las clases sociales- se irá extinguiendo, para entrar en la fase comunista. De todas formas, estos planteos son muy generales, ya que Marx dijo alguna vez: "No soy el cocinero que provee las recetas del porvenir". Algunas aplicaciones del concepto: 1- **científico (Karl Marx y Friedrich Engels):** Conjunto de postulados del **marxismo** o **materialismo histórico**, planteado como superación del **socialismo utópico**, 2- **de Estado:** Forma de **estatismo** que busca reducir las desigualdades sociales por medio de la **nacionalización** de los **medios de producción**. Se diferencia del **socialismo marxista** en que éste lucha por la desaparición del **Estado**, y de la **socialdemocracia**, en que ésta –si bien es partidaria de un Estado fuerte- sostiene también la necesidad de la existencia del **mercado**, 3- **en un solo país (Joseph Stalin): Modelo** que se llevó adelante en la **U.R.S.S.** a partir de la llegada al **poder** de J. **Stalin**, consistente en concentrar las fuerzas en organizar el **socialismo** al interior del país, en contraposición al planteo **marxista, leninista** y **trotskista** de extender la **revolución socialista** a todas partes del mundo (a riesgo de aislar a la **Revolución Rusa** de no hacerlo). Dado que **Marx** había planteado el carácter internacional de la **lucha de clases** y del enfrentamiento entre el **capitalismo** y el **socialismo**, el SEUSP acabó por trabar el desarrollo de las **fuerzas productivas** y por estrangular la **dictadura del proletariado** en la U.R.S.S., fortaleciendo a una **burocracia** estatal **nacionalista** encargada de repartir recursos escasos y por ende, privilegiada y despótica. Una de las consecuencias de este planteo fue la disolución del **partido** mundial de los **trabajadores** -la **Internacional Comunista** o **Tercera Internacional**- fundado por **Lenin** en 1919, 4- **real:** Ver **stalinismo**, 5- **utópico (Karl Marx, 1848):** Término acuñado por Blanqui y adoptado por **Marx** para contraponerlo con su propia **doctrina**, el **socialismo científico**. Para Marx, per-

tenecían al SU los **socialistas** franceses e ingleses–como el conde Claudio Enrique de **Saint-Simon** o Robert **Owen**- que querían llegar a una **sociedad** socialista sin una **revolución** contra el **capitalismo**, a través de reformas. En el fondo, confiaban en que las banderas de libertad, igualdad y fraternidad eran posibles bajo un capitalismo "limado" de sus peores aspectos, poniendo el énfasis en una **distribución** más equitativa y **ética** de la riqueza y en la búsqueda de atenuantes a los excesos producidos por la **industrialización**. Como más adelante sucedería con la **socialdemocracia** (ver), Marx procuró demostrar la **utopía** de pretender cambiar la sociedad sin impulsar la **lucha de clases** o negando la vía revolucionaria. El SU sentará antecedentes para el posterior desarrollo del **cooperativismo** (ver).

Socialización: Como vinculación entre el **sistema** social y la personalidad individual, la S es el **proceso** de aprendizaje por el cual el niño **internaliza** las formas de la **cultura** en la que ha nacido y se desenvuelve. La S tiene el objetivo de que los **individuos** internalicen -hagan suyos- los **valores, costumbres** y **significados** de la **sociedad** en la que viven y que asuman una identidad, un lugar en esa realidad. En pos de la S operan los llamados **agentes socializadores** (**familia, Iglesia**, clubes, **partidos políticos, medios de comunicación**, escuela, **grupos** de iguales, etc).

Socialización de los medios de producción: Transformación de los **medios de producción** de una **sociedad** en propiedad colectiva. Se distingue de la **nacio-**

nalización o **estatización** en que la SMP tiene como meta el control de la sociedad sobre la **producción** y la progresiva extinción del **Estado**, mientras que aquella fortalece a éste. Además, las nacionalizaciones o estatizaciones no cambian el carácter de **clase** del Estado (así, es posible que los medios de producción sean estatizados en el marco del **capitalismo**, en lo que se conoce como nacionalizaciones **burguesas**).

Socialización política: Según el **funcionalismo**, es la **educación** que lleva a adoptar la **cultura política**, el **proceso** por el cual se inculcan a los niños determinadas actitudes políticas y **valores**. Por ejemplo, los niños se convierten en adultos y son reclutados para diversos **roles**.

Socialización primaria (Peter Berger y Thomas Luckmann, 1968): Internalización por parte del **individuo** de los **hechos sociales objetivos**, que tienen un **significado** determinado en la **sociedad** en la que ese individuo nace. Así, lo que es significativo para los otros se vuelve significativo para el nuevo individuo. La internalización es la base para la comprensión de los semejantes y para la aprehensión del mundo en cuanto realidad significativa y social. El individuo "asume" el mundo en el que ya viven otros: no sólo vivimos en el mismo mundo sino que participamos cada uno en el ser del otro. Recién allí puede considerarse al individuo como parte de la sociedad. Las definiciones que los otros significantes (las otras personas que dan significado a las cosas) hacen de la situación del individuo le son presentadas a éste como la realidad objetiva. El mundo que se le muestra al niño –en realidad, uno entre tantos otros posibles- a éste se le aparece como "el" mundo, el único que existe y que se puede concebir. La SP finaliza cuando el concepto del *otro generalizado* se ha establecido en la **conciencia** del individuo, siendo a esa altura ya miembro efectivo de la sociedad.

Socialización secundaria (Peter Berger y Thomas Luckmann, 1968): Internalización de "submundos" institucionales o basados sobre **instituciones**. Es la adquisición del **conocimiento** específico de "roles" arraigados en la **división del trabajo** y de los **lenguajes** utilizados en relación con esos roles, además de los elementos afectivos. Estos submundos son realidades parciales, que tienen también su aparato legitimador y van acompañados por **símbolos** rituales o materiales. Los roles de la SS tienen un alto grado de anonimato, es decir que se separan fácilmente de los **individuos**: el mismo conocimiento que enseña un maestro puede enseñarlo otro. En cambio, el rol de los padres en la **socialización primaria** es irremplazable.

Sociedad: Grupo de personas, **familias** y **pueblos** que conviven en un mismo **territorio**. Todo agrupamiento humano, toda relación organizada o no, directa o indirecta, consciente o inconsciente, de cooperación o de antagonismo. La naturaleza social de **Aristóteles** (el *zoon politikon*), la **teoría** del **contrato social** y la teoría de la **acción social** de **Weber** son diversos modos de explicar el origen y/o el fundamento de la S. Para el **funcionalismo**, la S es una serie de **roles** y *status* relacionados, que están institucionalmente establecidos. El **marxismo** considera que la S implica la organización de la **producción** material, lo que determina determinadas relaciones históricas de **propiedad**, distintos **modos de producción** y la existencia de la **lucha de clases**. Algunas aplicaciones del término: 1- **abierta: S** donde es posible la **movilidad social.** La S moderna de **clases** es un ejemplo de SA, 2- **cerrada: S** donde no es posible la **movilidad social** ni ninguna forma de pasaje o movimiento de los **individuos** entre los distintos **estratos** o **estamentos.** Son ejemplos de SC la **S feudal** (aunque en el **sistema** estamental había formas excepcionales de movilidad) o el sistema de **castas,** 3- **civil:** Para el *iusnaturalismo*, la SC se contrapone a la **S** natural (**estado de naturaleza**) y se identifica con la **S política** (el **Estado**). Los hombres firman un **contrato** por el que pasan del estado de naturaleza a la SC (aunque en **Rousseau** SC es sinónimo de S civilizada pero no de S política). En **Hegel**, la SC es la unión de los **individuos** en una universalidad formal, transición entre la forma primitiva (la familia) y la forma ultima del "**espíritu objetivo**", que es el Estado. La SC tiene características del Estado pero no es aún el Estado, porque le falta la organicidad. Para **Marx,** SC es sinónimo de la S burguesa y se ubica en la **estructura** material diferenciándose de la **S política** y el Estado, ubicados en la **superestructura** y a las que la SC condiciona. **Bobbio** sostiene que la SC burguesa descripta por Marx equivale al estado de naturaleza hobbesiano (**guerra de todos contra**

todos). En **Gramsci,** la SC es diferente al Estado (igual que en Marx), pero no está en la estructura económica (como para Marx) sino en la superestructura, la que se divide en SC (organismos encargados de la **hegemonía** o **consenso**) y S política o Estado (organismos encargados de la **dominación** o **coerción**). Así, en Gramsci la SC es el conjunto de organismos privados que corresponden a la función hegemónica que ejercen los sectores dominantes en toda S (creación de consenso) y constituye la base ideológica de la dominación del Estado. En la SC están las **instituciones** no estatales ni económicas que generan consenso: la escuela, los **medios de comunicación**, la **Iglesia,** las **ONG´s**, etc, normalmente funcionales a los intereses de la **clase dominante,** 4- **de consumo: S** en la que el **consumo** de **productos** tiene la mayor importancia. Rasgo típico de las Ses **capitalistas,** la incitación publicitaria y el derroche son algunas de sus características (ver también **consumismo**), 5- **de masas:** La SM surgió a fines del siglo XIX, pero se consolidó definitivamente en el siglo XX. Los autores que han trabajado el concepto –Mannheim, Ortega-ti, Pellicani, Kornhauser- definen a la SM como una S en la que la gran mayoría de la **población** está comprometida en la **producción,** la **distribución** y el **consumo** de los **bienes** a escala amplia así como en la actividad **política** y donde existen modelos estandarizados de participación en la **cultura,** a través de los **medios de comunicación** masivos. La SM surge en un estadio avanzado del proceso de **modernización,** con la concentración de la **industria** en la producción de bienes de consumo masivo y la urbanización creciente, junto con el predominio de la **racionalidad formal** y la reducción de los márgenes de la iniciativa individual. En ese contexto, los vínculos tradicionales -como la **familia** y la **comunidad**- se debilitan, en beneficio de organizaciones formales y de grandes dimensiones, generando relaciones impersonales. Entre los críticos de la SM cabe destacar a **Le Bon, Nietzsche** y Ortega y Gasset, quienes lamentan la decadencia de los **valores** tradicionales –aristocráticos, elitistas- bajo la fuerza niveladora de las masas. También existe una crítica **liberal**-democrática, que sostiene que la SM es la antesala del **totalitarismo**, ya que deja a las masas a merc   e   d de demagogos y déspotas, 6- **disciplinaria (Michel Foucault):** Descripción de la S de los siglos XVIII, XIX y especialmente del siglo XX: la S que impone la **disciplina** y el control a los **individuos** en cada uno de los lugares de encierro de esa S: la **familia**, la escuela, la **fábrica**, el cuartel, el hospital y, el modelo de todos ellos: la cárcel, el lugar destinado a los transgresores del "pacto social", a los que cometen **delitos**, dañando a la S. El proyecto de la SD es el de someter a los individuos para convertirlos en **fuerzas productivas**, 7- **dual:** Coexistencia, en una misma **S**, de **estructuras** modernas, industriales y urbanizadas, con otras **arcaicas, agrarias** y rurales, 8- **moderna:** Tipo de **S** que se desarrolló a partir de la expansión del **sistema** fabril, el que cambió la forma de producir de manera radical. La S entró en su etapa industrial, el nivel de ingresos subió vertiginosamente y surgieron -después de la **Revolución Industrial**- nuevas riquezas

e inventos que cambiaron la vida de las personas (teléfono, avión, computadoras, TV, etc), 9- **opulenta (John K. Galbraith, 1958):** Término con el que este autor describe a la **S** de los **países desarrollados** e industrializados con un alto **nivel de vida**, 10- **panóptica:** Ver **panóptico**, 11- **post-industrial (1970 →):** Denominación que se usa para describir a las **Ses capitalistas** surgidas de la **Tercera Revolución Industrial**. Sus características centrales serían: el papel preponderante de la **tecnología**, el debilitamiento de la categoría "**trabajo**" en su concepción tradicional, la crítica al derroche de **energía** y al agotamiento de los **recursos naturales** del modelo anterior, la búsqueda de fuentes de energía y **materias primas** alternativas, la crítica al fortalecimiento del **sindicalismo**, la búsqueda de un régimen laboral de sometimiento de los **trabajadores**, la búsqueda de reemplazo de **mano de obra** por máquinas (computadoras, comunicaciones, etc), el rechazo a la **producción** en masa de **bienes estandarizados**, la producción "a pedido" para una **demanda** menos numerosa y más exigente (la **oferta** se ajusta a la demanda), sofisticadas técnicas de publicidad para detectar dónde hay demanda y de qué productos o **servicios**, un enorme aumento de la **productividad**, un gran aumento del **desempleo**, la caída de los **salarios** de los que siguen ocupados, **mayores** ganancias para la **burguesía**, entre otras, 12- **primitiva (Karl Marx): S** en la que sólo se producen **valores de uso** destinados al **consumo** por parte de sus mismos productores, y que caracteriza a todas las **Ses** anteriores al surgimiento de la **pequeña producción mercantil**. La SP se caracteriza por ser una **economía de subsistencia**, sin la **producción** de **excedente**, 13- **salarial:** Modelo de **S capitalista** desde aproximadamente mediados del siglo XX hasta la década de 1970, donde el **trabajo asalariado** ocupaba un lugar central y era el eje de la integración social, 14- **tradicional:** Forma de organización social basada en una **economía de subsistencia** –reproduce lo que tiene, pero no genera **excedente**-, con bajo nivel de **productividad** y relaciones sociales, culturales y políticas estables, refractarias a los cambios. Un ejemplo típico es la **S feudal** del **Medioevo**, pero –en general- se dice que toda **S** previa a la **Revolución Industrial** es una ST. Entre las razones que llevaron al debilitamiento de la ST en la **Edad Media** encontramos: nuevas vías comerciales con fácil acceso, mejoramiento del transporte (sobre todo marítimo), cambios en el **consumo**, crecimiento de la **producción** artesanal hasta su conversión en manufacturera, aumento de la producción **agrícola**, **migraciones** a las ciudades, desarrollo de los **bancos**, **acumulación de capital**, concentración de la **propiedad** de la tierra, aumento de la **población**. Opuesto: **S moderna**, 15- **tribal:** Ver **comunismo primitivo.**

Sociología (principios del siglo XIX →): Disciplina abocada al estudio de las sociedades humanas. Los albores de la S estuvieron ligados a la búsqueda de la estabilidad social frente a los cambios producidos por la **Revolución Francesa** y el industrialismo. A. **Comte** –inventor del término-, quien es considerado uno de los fundadores de la S, propuso analizar a la **sociedad** como a un organis-

mo biológico en consonancia con la visión **positivista** dominante en su época. Para E. **Durkheim**, la S es la ciencia de las **instituciones**, de su génesis y funcionamiento y de su relación con los **individuos**. Para Durkheim no es posible estudiar las ideas de las cosas: lo que importa es estudiar a las cosas mismas, los **"hechos sociales"**. Por el contrario, M. **Weber**, desde una visión individualista, la define como la "ciencia que trata de entender por vía de interpretación la **acción social** para poder explicarla así causalmente en sus efectos." T. **Parsons**, desde el **funcionalismo**, intentó una síntesis de estos dos últimos autores, enfatizando en la temática del **equilibrio social**. Para **Marx**, el eje central del estudio de la **sociedad** pasa por la **lucha de clases** a través de la **historia**. Algunas ramas de la S: **clásica (siglo XIX-principios del siglo XX):** Dícese de la **Sociología** de los "padres fundadores", Émile **Durkheim** y Max **Weber**. La SC plantea una justificación de la organización social **capitalista**, en contraposición con la sociología revolucionaria de Karl **Marx**, 2- **comprensiva:** Denominación que describe a la **Sociología** de Max **Weber** y otros autores, centrada en la interpretación o **comprensión** (*verstehen*) de la **acción social**, 3- **de la ciencia:** Rama de la **Sociología** que analiza los condicionantes sociales de la **investigación** científica y tecnológica y los efectos que resultan de la aplicación de los descubrimientos científicos y de los avances tecnológicos en la **sociedad**, 4- **de la modernización (Gino Germani, década de 1950):** Corriente sociológica que se centra en la oposición **sociedad tradicional** (sociedad agraria reacia a los cambios)–**sociedad moderna** (sociedad industrial abierta al cambio). La SM sostiene que un mayor **desarrollo** económico lleva a las sociedades a un proceso de **secularización** y **movilización social** y al crecimiento de sectores medios, lo que deriva en la moderación **política** y la consolidación de **democracias** estables, 5- **del conflicto (Ralph Dahrendorf)**: Denominación dada por este sociólogo al **marxismo**. Se contrapone a la **sociología del orden**, 6- **del conocimiento (Max Scheler, década de 1920)**: Se podría definir a la SC como a la **investigación** de la influencia de la **sociedad** sobre las creencias de los hombres. Se trata de una **teoría** que sostiene que todas nuestras opiniones, científicas o morales, están determinadas por nuestros intereses o por la **ideología** total (es decir, el **sistema** de **hipótesis** subyacentes o presupuestos culturales en el que se mueve nuestro pensamiento). Según la SC, cada **grupo social** tiene la **ciencia** que le conviene, es decir, la que es útil a sus intereses como sociedad, rechazando hipótesis contrarias a dichos intereses. Así, la SC niega la **objetividad** de la ciencia: todo **conocimiento** está influido por elementos **inconscientes** ocultos. Entre sus principales impulsores se destacan Karl Mannheim y más recientemente Paul Ricoeur, 7- **del orden (Ralph Dahrendorf)**: Denominación dada por este sociólogo al **funcionalismo**. Se contrapone a la **sociología del conflicto**, 8- **reflexiva (EE.UU., mediados del siglo XX)**: Corriente sociológica surgida a partir de la obra de Alvin Gouldner, *La crisis de la Sociología occidental*. Su crítica se centró especialmente en el **estructural-funcionalismo** de Par-

sons. Influido por C. Wright Mills, Gouldner planteó que el objetivo de la Sociología no es sólo el de juntar datos sino también el de reflexionar teóricamente acerca de la manera en que funciona la **sociedad** cuestionando, además, la noción de **objetividad** utilizada hasta entonces. La SR plantea –por el contrario- una mirada **subjetiva**, donde es imposible eliminar la opinión de la persona que estudia un **fenómeno** social y donde la objetividad es un **mito**, una ilusión que no se puede lograr. Por ello, una Sociología que reflexione sobre como produce su **conocimiento** necesita analizarse a si misma con los mismos criterios que analiza a las personas que estudia, en una suerte de "Sociología de la Sociología".

Solidaridad mecánica (Émile Durkheim): Forma de **cohesión** social de las **sociedades arcaicas** con nula o baja **división social del trabajo** y que se produce de modo espontáneo, por contar con una **conciencia colectiva** fuerte y duradera basada en el peso de **tradiciones** que perduran a través de las generaciones. La conciencia individual es muy débil ya que la sociedad –arraigada en una **comunidad** de sangre o en alguna **religión**- es muy homogénea. A la violación de las **instituciones** del grupo corresponden penas severas y represivas que sirven para conservar la SM. Opuesto: **solidaridad orgánica**.

Solidaridad orgánica (Émile Durkheim): Forma de **cohesión** social de las sociedades modernas, **urbanas** e industrializadas, con alta **división social del trabajo** y que no se produce de modo espontáneo sino que debe ser *organizada*. Las disimilitudes hacen crecer la conciencia individual y debilitan la **conciencia colectiva**. Aquí, el **derecho civil** y la restitución o reparación de las faltas reemplazan al **derecho penal** y el castigo. Opuesto: **solidaridad mecánica**.

Sondeo: Estudio de una **población** en base a una **muestra** representativa de ella. Son habituales los S de opinión y electorales.

Status: En la Sociología encontramos los siguientes usos: 1- **(funcionalismo)**: Posición que ocupa un **individuo, familia** o **grupo** en la **estratificación social** de acuerdo con la valoración que la **sociedad** hace de él. Es la sociedad la que asigna el S al individuo: el S social no depende de lo que el individuo *es* en realidad, ni de lo que *hace*, ni de lo que él *cree* que es. El S social refiere a lo que la *sociedad piensa* que el individuo *es* (el **papel social** o el **rol social** implica lo que la *sociedad piensa* que el individuo *hace*). Según R. Linton, el S le es asignado al individuo (S adscrito: edad, raza, sexo) o bien puede obtenerlo (S adquirido: gobernante, capataz, intelectual, barrendero, artista). Así, elegir una profesión, casarse o divorciarse, aceptar un cargo público, etc, implican una asunción voluntaria de S. El **S social** (ver) de una persona, familia o grupo debe considerarse sobre la base de los siguientes criterios: **linaje** o **estirpe**, riquezas o posesiones, utilidad funcional de los **roles** desempeñados (cuánto le sirve a la sociedad lo que el individuo o grupo hacen), nivel de instrucción, **re**ligión, sexo y edad, entre otros. Uno o varios de estos criterios pueden constituir lo que se conoce como "S clave" o S principal, 2- **(Max Weber): Capa** social que comprende a todos los **individuos** que gozan de un honor o **prestigio** social particular y con un estilo particular de vida (por ejemplo, comportamiento, **consumo**, vestimenta, **matrimonio**, profesión, educación, etc). A diferencia de las **clases**, los grupos de S son siempre comunidades porque no se definen por el **mercado** objetivo, sino por sus actos y percepciones personales. Llamados también **grupos de S**, éstos eran más importantes antes del **capitalismo**: por ejemplo, cuando los **nobles** tenían derechos hereditarios o legales (**poder de derecho**) y no un poder basado en su posición en el mercado (poder de hecho). Sólo con la llegada del capitalismo las relaciones de mercado pasaron a ser centrales, 3- **S quo**: Expresión latina ("**estado de cosas**") que hace referencia al orden social y político dominante en una época y lugar determinados. Así, por ejemplo, se dice que las **clases dominantes** son defensoras del *SQ*, 4- **S social (funcionalismo)**: Hay dos definiciones contrapuestas. Una de ellas define al S como el lugar que una persona ocupa *objetivamente* en la **estructura social** o su posición en relación con las demás posiciones, es decir, como un sinónimo de **rol social**. En la otra, el S designa la posición o rango que una persona mantiene *subjetivamente* o trata de conservar en la consideración de los demás. Es decir que se trata de la valoración que la **sociedad** hace de los diferentes roles, el reconocimiento social por parte de la sociedad del papel que representa cada **individuo** (ver la definición de S del **funcionalismo**). Por ejemplo, en nuestras sociedades, el S del médico está mejor valorado que el del sepulturero. Los S de mejor consideración social llevan parejos una serie de gratificaciones complementarias de **poder, dinero**, éxito y satisfacción personal. Cada hombre ocupa muchos S (se es casado o soltero, **capitalista** o **trabajador**, judío o católico, jugador de fútbol o de truco. Cada S tiene ciertas **normas de conducta** que se espera se cumplan. La suma de todos los S o S acumulativo le da al individuo una posición general en la sociedad. Los S adscriptos son los que se basan en características personales, como los que tienen que ver con el sexo, la edad, el **parentesco** o la herencia (ser padre, pertenecer a una **aristocracia** hereditaria, etc). Los S adquiridos son aquellos en que los individuos sólo pueden ocupar algunas posiciones después de haber demostrado su capacidad o derecho para adquirir ese S (médico, artista, etc).

Subcultura: Segmento social que comparte determinadas **costumbres**, pautas, **normas** y **valores** distintos de los del resto de la **sociedad**, que los diferencia de la **cultura** oficial o hegemónica. La S suele distinguirse por la edad, **raza, género** o **clase social** de sus miembros. Las cualidades que determinan que una S sea diferente a la cultura hegemónica pueden ser estéticas, políticas, sexuales o una combinación de todas éstas. Se definen a menudo por su oposición y sus valores disconformistas, contestatarios o rebeldes. En ocasiones, cuando manifiesta posi-

cionamientos políticos y sociales muy marcados, se la caracteriza como una **contracultura**.

Subocupación: Situación en que se encuentra la parte de la **población económicamente activa** formada por los que trabajan menos de un mínimo de horas semanales (por ejemplo 35) por causas ajenas a su voluntad y que desearían trabajar más para percibir un **ingreso** mayor. Es el caso, por ejemplo, de los que hacen "changas" con cierta continuidad. También existe una S invisible, que es el caso de aquellas personas que -trabajando una jornada normal- desarrollan su actividad con alguna de las siguientes características: bajo **ingreso**, baja **productividad** o subutilización de calificaciones.

Suicidio (Émile Durkheim): Fenómeno individual que refleja una patología social o **conducta** desviada. Tipos de S: **1- altruista:** Tipo de **suicidio** que se produce en sociedades simples donde hay gran **cohesión** social, gran solidaridad. El suicida siente que debe matarse para hacer un bien a la **sociedad**, lo que denota un exceso de reglas (ejemplo: el que muere por una huelga de hambre), 2- **anómico:** Tipo de **suicidio** que se produce en sociedades donde las **normas** sociales cambian todo el tiempo. Ocurre en momentos de **crisis económicas** profundas, de desintegración de las **familias, guerras**, etc, cuando las reglas y los **valores** sociales desaparecen y el **individuo** siente que si la **sociedad** está en crisis, no tiene **sentido** vivir, 3- **egoísta:** Tipo de **suicidio** que se produce en **sociedades** donde falta **cohesión**

social, por debilidad de la **familia** y la **religión**, lo que hace que los **individuos** pierdan el **sentido** de pertenencia social y experimenten desarraigo. Como lo único que otorga reconocimiento de los demás es el éxito, la frustración y la falta de apoyo de los otros conduce a algunos al suicidio.

Superestructura (Karl Marx): Conjunto de las **instituciones** e ideas **políticas**, ideológicas, jurídicas, religiosas, estéticas y morales de una **sociedad**, que está determinado materialmente por la **estructura** –sobre la cual, a su vez, reactúa-. Pertenecen a la SE el **Estado**, los **medios de comunicación**, las **teorías** científicas y políticas, los **partidos políticos**, la **Iglesia**, la justicia, etc. Por una parte, tenemos una SE jurídico-política, donde el Estado ejerce el uso de la violencia y la **coerción** en beneficio de la **clase dominante**. Por ejemplo, reprimiendo una manifestación de **trabajadores** –la SE **política** actuando directamente- o cuando las **leyes** hablan de que el contrato de trabajo es equivalente: el capitalista le paga al **obrero** un **salario** por su trabajo y todo parece igualitario (**Marx** expondrá sobre esto su teoría de la plusvalía). Es un ejemplo de cómo opera la SE jurídica. Junto con la SE jurídico-política, aparece una SE ideológica: son **instituciones** y sujetos dedicados especialmente a difundir el pensamiento y la visión del mundo –la **ideología**- que le interesa a la clase dominante, con la finalidad de preservar el orden social dominante. Por ejemplo, el patriotismo –que se basa en sentimientos genuinos de pertenencia a un lugar y a una

historia común- puede ser usado para unir bajo la misma bandera a explotadores y explotados: "somos todos argentinos", dirá la ideología dominante. Pero algunos "argentinos" tienen yates de lujo, grandes empresas, **bancos**, canales de televisión, miles de millones de dólares. Y otros "argentinos" no tienen nada o casi nada. Marx sostiene que quienes producen la riqueza de un país son éstos y no aquellos. En la SE, entonces, existen dos modos de **dominación**: a través de la búsqueda de **consenso** y por medio de la coerción (en un lenguaje coloquial podríamos decir: "por las buenas y por las malas"). El objetivo del **marxismo** es destruir la SE y la estructura del **capitalismo** e impulsar transformaciones revolucionarias en todos los terrenos.

T

Tasa: Proporción o relación entre dos magnitudes. Porcentaje. Ejemplos: 1- **de actividad:** Porcentaje de la **población económicamente activa** en relación con el total de la **población**. Llamada también **tasa bruta de actividad**, 2- **de beneficio:** Ver **tasa de ganancia**, 3- **de dependencia:** Cantidad de personas ocupadas por hogar, 4- **de desocupación:** Porcentaje que representa el número de desocupados sobre la **población económicamente activa** de un país. Algunos factores que inciden en el aumento de la TD son la **recesión**, la caída de la **demanda** y la incorporación de **tecnología**, 5- **de empleo:** Proporción entre la **población** ocupada y la población total, 6- **de fecundidad:** Número de nacidos vivos en un año por cada mil mujeres en edad de fecundar (entre 15 y 45 años), 7- **de ganancia (Tg) (Karl Marx):** Proporción de la **plusvalía** con respecto el desembolso total de **capital**, esto es, g = P / CC + CV, o magnitud relativa: r = D´- D / D. Por ejemplo, si la inversión fue de $ 15 y la ganancia de $ 3, tenemos una TG del 20 %. Si dos productores producen el mismo tipo de **bien** al mismo **precio** y con la misma **tasa de plusvalía**, tendrá una mayor TG el productor que trabaje con menor proporción de **capital constante**. La TG varía en sentido inverso a la **composición orgánica del capital**, 8- **de mortalidad:** Relación entre el número de defunciones en un año y la **población** media, o cantidad de muertes anuales cada mil habitantes, 9- **de mortalidad infantil: Índice** que mide las defunciones en menores de un año cada mil nacidos vivos. Suele utilizarse como indicador de **desarrollo** del **nivel de vida** de un país, 10- **de natalidad:** Relación entre el número de nacimientos en un año y la **población** media, o cantidad de nacidos vivos anuales cada mil habitantes. Por lo general, la TN es mayor en las zonas rurales, 11- **de nupcialidad: Índice** que mide la cantidad de **matrimonios** producidos en un año cada mil habitantes, 12- **de ocupación:** Magnitud que resulta de dividir la cantidad total de habitantes por la cantidad de ocupados, 13- **de plusvalía (Karl Marx):** Proporción entre la **plusvalía** (trabajo socialmente **excedente**) y los **salarios** (trabajo socialmente necesario) o cociente entre la primera y el **capital variable**, esto es, P / CV. Determina la **tasa de explotación** que sufre el **trabajador** por parte del **capitalista**, quien pugna incesantemente por incrementar la TP: 1) prolongando la jornada de **trabajo** sin aumentar los salarios (**plusvalía absoluta**), 2) reduciendo los salarios sin disminuir la jornada de trabajo o el rendimiento o, 3) incrementando el rendimiento por hora –aumento de la **productividad**- ya sea obligando al obrero a trabajar más intensamente o mejorando los métodos de **producción** (**plusvalía relativa**), 14- **media de ganancia (Karl Marx):** Cociente entre la **plusvalía** total y el **capital** social total. En el largo plazo, la TMG es decreciente, ya que el **capital constante** aumenta (inversiones tecnológicas que los **capitalistas** deben realizar forzados por la **competencia** con los demás capitalistas) a costa del **capital variable** (trabajo asalariado) -y sólo de este último surge la **plusvalía**-. En esa competencia inter-burguesa sobrevivirán aquellos que tengan una **tasa de ganancia** superior a la TMG.

Tendencia: Aumento o disminución global del **valor** de alguna propiedad en el curso del tiempo. También, **propensión** o inclinación hacia algo. Ejemplos: 1- **a la caída de la tasa de ganancia (Karl Marx):** Decrecimiento progresivo de la **ganancia** obtenida en relación con el **capital** total invertido. Esto ocurre porque -a medida que el capital se acumula y crece- la ganancia es menor en proporción a todo el capital, lo que desalienta al **capitalista** para seguir invirtiendo. Sin embargo, por la presión de la **competencia**, el capitalista se ve obligado a invertir en **tecnología**, aumentando la **productividad** (y generando más **desempleo**) y haciendo que la **tasa**

de ganancia baje cada vez más, por la mayor proporción de **capital constante** en relación con el **capital variable** (único que genera **plusvalía**), es decir, por el aumento decreciente de la **tasa de explotación** y el aumento creciente de la **composición orgánica del capital**. La TCTG es la **ley** económica más importante de la **Economía política** y es uno de los fundamentos de las **crisis** recurrentes del **capitalismo**. Frente a ella, existen las que **Marx** denominó **tendencias contrarrestantes** (aumento de la tasa de **explotación**, abaratamiento de **materias primas** o del capital constante, reducción del **trabajo improductivo**, baja salarial, etc) que frenan temporariamente la tendencia aunque en determinado momento no logran evitarla, 2- contrarrestantes (Karl Marx): Contratendencias que detienen momentáneamente la **tendencia a la caída de la tasa de ganancia**. Entre las más importantes podemos mencionar al aumento de la **tasa de explotación**, el abaratamiento de **materias primas** o del **capital constante** y la reducción del **trabajo improductivo**, que frenan temporariamente la tendencia aunque en determinado momento no logran evitarla.

Teoría de alcance medio: Teoría intermedia aplicable a campos y problemáticas acotadas o a un tiempo y espacio determinados –se opone, en este sentido, a una teoría general–. Las TAM fueron muy utilizadas por el **funcionalismo**, especialmente por R. **Merton**.

Teoría de la modernización (Gino Germani): Teoría sociológica que trata de explicar la dirección de la **historia** en términos de nivel de **progreso, desarrollo** y **modernidad**. En América Latina, la TM se basó en la distinción básica entre **sociedad moderna** y **sociedad tradicional**. Según esta postura, los **empresarios** competitivos, la **tecnocracia**, las **FF.AA.** profesionales, la **industria**, la ciudad y la difusión de ciertos **valores** (búsqueda del éxito y el **beneficio**), llevan a la **modernización**, mientras que las tradiciones y **costumbres** arraigadas, la vida **rural** y **agrícola**, las **masas** analfabetas y los políticos caudillistas constituyen un obstáculo a la misma. La idea de que existe un camino evolutivo que va de lo tradicional a lo moderno fue criticada por la **teoría de la dependencia**. (Ver también **Sociología de la modernización**).

Teoría del valor-trabajo (fines del siglo XVIII →): Teoría planteada por Adam Smith, David Ricardo y Karl **Marx**. En Smith, el **valor** surge en la esfera del **mercado** sobre la base de la cantidad de **dinero** existente. En Marx –quien distingue un **valor de uso** y un **valor de cambio**– la TVT determina que el valor de los **bienes** está determinado por la cantidad de **trabajo** incorporado en los mismos en el **proceso** de **producción**. Es decir que se mide por el **tiempo de trabajo socialmente necesario** para producirlo, que es lo que determina su valor de cambio **objetivo**. Ricardo oscila entre ambas posturas. Se dice que es una **teoría objetiva del valor** pues se basa en la cuantificación del trabajo, midiendo el tiempo de **trabajo productivo** que los hombres le dedican a la actividad económica. La TVT parte de la idea de que la producción es colectiva y que el valor de las **mercancías**

se deriva de la **división social del trabajo**. En este sentido, se contrapone a la teoría subjetiva del valor.

Tercera Revolución Industrial (1940 →): Tercera etapa de la **Revolución Industrial** y del **capitalismo** (fases **keynesiana** y **neoliberal**), caracterizada por el uso de la **energía atómica** como fuente de **energía**, el uranio y el hidrógeno como combustible, el plástico como **materia prima**, los "nuevos materiales", la **automatización**, naves espaciales y satélites, la televisión y las comunicaciones vía satélite, el **desarrollo** de la física nuclear, la electrónica, la **cibernética** y la informática, la participación sindical en los **gobiernos**, entre otros rasgos.

Terratenientes: En la **economía clásica**, propietarios de la **tierra** cuya retribución es la **renta** (o **renta de la tierra**). También se llama T a los **hacendados** propietarios de grandes extensiones de tierras o **latifundios** (por lo que son llamados también **latifundistas**). Bajo el **capitalismo**, el T se convierte en **burgués** y se distingue del propietario **feudal** precapitalista.

Tiempo de trabajo socialmente necesario (Karl Marx): Cantidad de **trabajo** necesario para producir una **mercancía** en una **sociedad** dada y según determinadas condiciones **técnicas** medias de **producción** (**Ricardo**, que también utilizaba la categoría, sostenía que el TTSN debía determinarse no por las condiciones sociales medias sino de acuerdo con las peores condiciones de trabajo existentes), con una in-tensidad media social dada y con una destreza media. El TTSN varía constantemente de acuerdo con los cambios en las **fuerzas productivas**. En el caso de la mercancía **fuerza de trabajo**, el TTSN es el que cubre el **trabajo necesario** (ver).

Tiempos muertos (taylorismo-fordismo): Momentos en los cuales el **trabajador** no está produciendo y que por lo tanto no otorgan ningún tipo de **plusvalía** al **capitalista**. Por ejemplo, momentos de fatiga, reparaciones de máquinas, descansos, etc. También se les llama "tiempos ociosos".

Tipos de dominación (Max Weber): Construcción típico-ideal que sirve para explicar los fundamentos sobre los que se basa la **legitimidad** y la obediencia. Weber distingue tres **TD legítima** básicos: 1- **carismática: Dominación** que se basa en características personales de un **individuo** (heroísmo, santidad, ejemplaridad, etc) y en la aceptación de las órdenes creadas o reveladas por ese individuo (autoridad carismática). Implica una relación entre un **líder** que posee cualidades extraordinarias (**carisma**) con importantes **masas** humanas, en una situación excepcional -sólo de vez en cuando-. Quienes obedecen (los súbditos) no lo hacen por **tradición** -porque justamente la relación carismática rompe con toda la tradición anterior a su aparición- ni por un orden de **leyes** impersonal, sino a la persona del **líder carismático**. Es una relación de obediencia basada en lo afectivo, en lo emotivo. El líder es considerado como un héroe, lo cual debe ser demostrado permanentemente, 2- **racional-legal:** **Dominación** que se basa en la creencia en la **legitimidad** de lo legalmente estatuido y en la aceptación del mando ejercido por aquellos a quienes los mandatos estatuidos señalan como detentores de la **autoridad** (autoridad legal). Ejemplo: acatar la **Constitución** Nacional, 3- **tradicional: Dominación** que se basa en la creencia cotidiana en la santidad de las **tradiciones** y en la **legitimidad** de aquellos señalados por esas tradiciones para ejercer la **autoridad** (autoridad tradicional). Ejemplo: acatar los mandatos bíblicos.

Tipos de acción social (Max Weber): Construcción típico-ideal que explica los diversos motivos que fundamentan las acciones de los **individuos**. Ver **acción racional con arreglo a fines**, **acción racional con arreglo a valores**, **acción tradicional** y **acción afectiva**.

Tönnies, Ferdinand (1855-1935): Sociólogo alemán, definió a la **Sociología** como la **ciencia** que estudia las relaciones sociales, entendidas como el producto de la voluntad de los **individuos**. Observó dos formas que asumen esas relaciones: **comunidad** y **sociedad**, reivindicando a la primera como factor de **cohesión** social. Entre sus obras principales encontramos a: *Comunidad y sociedad* (1887).

Trabajador: Individuo que crea **valor** o produce riqueza. En el **capitalismo**, sujeto que vende su **fuerza de trabajo** a cambio de un **salario**. Algunas acepciones: 1- **autónomo:** Ver **cuentapropismo**, 2- **de cuello azul:** Trabajador asalariado u **obrero no calificado** que desempeña tareas manuales, 3- **de cuello blanco: Trabajador asalariado** que desempeña tareas administrativas, intelectuales o no directamente manuales. En general, se considera al TCB como parte de la **pequeña burguesía** no propietaria. Opuesto: **obrero no calificado** o **trabajador de cuello azul**, 4- **golondrina:** Ver **inmigración golondrina**.

Trabajo: Actividad racional humana orientada a modificar los **objetos** de la naturaleza con el fin de adaptarlos a la satisfacción de diferentes necesidades. Mientras que la **teoría** económica clásica afirma que el T es un **factor productivo** (remunerado con el **salario**) que comparte con el **capital** la creación del **valor**, para **Marx** sólo el T es fuente de valor, siendo el capital T acumulado. **Engels**, por su parte, planteó que el T distingue al hombre del animal porque sólo aquel produce los elementos que hacen a su vida. Es más, el T creó al hombre, lo "humanizó" y separó del resto del reino animal. El T comienza cuando el hombre modifica a la naturaleza de un modo consciente; ello distingue al peor de los arquitectos de la mejor de las abejas: el pensamiento humano anticipa en la mente lo que luego transformará en la realidad. En *El papel del trabajo en la transición del mono al hombre*, Engels describió el paso clave de la posición erecta (luego de que los monos descendieran de los árboles) y la consiguiente liberación de las manos de la locomoción como factores de desarrollo del cerebro, lo que en definitiva derivó en la actividad del T como algo excluyentemente humano.

En definitiva, la postura erecta liberó a las manos para fabricar herramientas y ello fue un poderoso acicate para el desarrollo del cerebro y del lenguaje. A pesar de la interpretación opuesta –de tinte idealista– de muchos antropólogos y paleontólogos, que colocaron al desarrollo cerebral como punto de partida de la evolución humana, descubrimientos científicos y hallazgos de **fósiles** recientes han confirmado la postura de Engels, como lo sostuvo el biólogo Stephen Jay Gould. Algunas acepciones del concepto: 1- **a destajo:** T que se paga por **producción** o por unidad producida. Como el pago depende del T terminado y no del tiempo, el **destajo** fuerza al productor a apurarse, lo que va en desmedro de la calidad del **producto.** Ejemplos de TAD: suele aplicarse en la construcción y en actividades estacionales **agrícolas** como la vendimia. En la **industria** no es habitual, salvo cuando se pretende forzar el ritmo de la producción, como sucedió en la **U.R.S.S.** con el *stajanovismo,* 2- **a domicilio:** Ver **industria a domicilio,** 3- **abstracto (Karl Marx):** T igual, homogéneo, gasto de **energía** humana en general, destinado a producir **mercancías.** Precisamente, lo que permite intercambiar a todas las mercancías –su **valor de cambio**– es el hecho de ser productos del TA humano (mientras que desde el punto de vista del **valor de uso** todas las mercancías son diferentes entre sí), 4- **alienado (Karl Marx):** T que el **asalariado** realiza para otro (el burgués que le compra su **fuerza de T**), para satisfacer el interés de éste y no para realizarse el **trabajador** como ser humano. Así, el **obrero** produce para un extraño, no para sí. El **producto** de su T es extrañado (alienado) por el **capitalista.** Pero ese producto es encarnación de su actividad, de su inversión física y mental; los nervios y los músculos del trabajador corren la suerte del producto: el T se convierte en TA. **Marx** sostiene que el TA nació en el momento histórico en el que se separó al productor de los **medios de producción** (máquinas, **tecnología,** herramientas), lo que trajo aparejado otras novedades vinculadas: la **explotación del hombre por el hombre,** la separación entre **T manual** y **T intelectual,** la aparición de las **clases sociales** y sus luchas, el **Estado** como forma de **dominación política** concentrada y las **religiones** como institucionalización de la dominación ideológica, 5- **asalariado:** T realizado bajo el **capitalismo** por un **trabajador,** a partir de la venta de su **fuerza de T** a un **capitalista** que lo contrata con el fin de que produzca **plusvalía,** a cambio de un **salario,** 6- **calificado:** T que para ser realizado requiere pasar previamente por un cierto período de aprendizaje, 7- **concreto (Karl Marx):** T específico, materializado en un **valor de uso** (un pan, un zapato, una camiseta), que distingue a cada **mercancía** de las demás, 8- **excedente (Karl Marx):** Período del tiempo de T en que el **obrero** no trabaja para sí, creando un **valor** que supera aquel necesario para reproducirse a sí mismo como **fuerza de T,** y por el cual no percibe paga alguna. Se opone, en este sentido, al **T necesario.** Según Marx, las **mercancías** producidas por este TE constituyen la **plusvalía** y configuran la **explotación del hombre por el hombre** específica de la **sociedad capitalista,** 9- **formal:** Relación laboral en la que el **trabajador asalariado** es contratado por un **capitalista** dentro de las condiciones legales vigentes en un país. También llamado **T en blanco**, 10- **formalmente libre:** Característica fundamental del **T** bajo el **capitalismo**, el TFL se identifica con el **T asalariado:** es libre en el sentido de que el **trabajador** dispone de la facultad de vender o no su **fuerza de T** a un **capitalista** a cambio de un **salario** –cosa que no podía hacer un **esclavo** o un **siervo**-, pero esa libertad es formal, porque en realidad si el trabajador no vende su fuerza de T muere de hambre, dado que es lo único que posee, desde el momento histórico en que el **proletariado** se formó al ser despojado de los **medios de producción,** 11- **forzado: T** obligado que una persona debe realizar para otra en razón de que así lo indica la **ley** o la **costumbre.** Por ejemplo, el **esclavo,** el **siervo,** el **mitayo** y el **yanacona** realizaban diferentes formas de TF. El surgimiento del **capitalismo** implicó el pasaje del TF al **T formalmente libre,** 12- **improductivo (marxismo): T** que no genera **plusvalía,** limitándose a transferir y repartir entre las distintas fracciones del **capital** el **valor** creado por el **T productivo.** Ejemplos de TI: la cajera de un supermercado o un vendedor, 13- **informal:** Relación laboral en la que el **trabajador asalariado** es contratado por un **capitalista** por fuera de las condiciones legales vigentes en un país. El TI es una forma precaria de **T,** sin derechos jubilatorios, de **indemnización** o de vacaciones, también llamado **T en negro.** Debe incluirse dentro del TI al T por cuenta propia precarizado (changas y otras actividades de subsistencia), 14- **intelectual: T** donde

el intelecto humano se convierte en una **fuerza productiva. Marx** explicó cómo la verdadera **división del T** se dio cuando se separaron el TI y el **T manual,** lo que derivó en el embrutecimiento del operario no calificado. Por ejemplo, a principios del siglo XX F. **Taylor,** con su **organización científica del T,** planteó que era necesaria una división de las funciones al interior de las **empresas:** una separación entre los operarios y los que se dedicaban a los **productos** finales, lo que condujo a una división entre el TI y el **T físico.** De este modo, el T dividido beneficiaba económicamente a la **empresa** y anulaba la resistencia sindical del **obrero.** La ya clásica partición del T entre la oficina y la **fábrica** expresa también esa división, donde el TI está expresado por la primera, 15- **libre: T** que se realiza sin que el productor esté obligado por ninguna **ley, costumbre** o precepto a trabajar para otro. Si bien en los **modos de producción** precedentes existieron formas de TL –por cuenta propia o bajo relación de dependencia-, es con el **capitalismo** que éste se desarrolla plenamente, por medio del **T asalariado** o **T formalmente libre,** 16- **manual: T** físico, el que no requiere más que una serie de movimientos mecánicos, sin que el intelecto deba intervenir más allá de un mínimo indispensable. **Marx** sostuvo que la **división del T** entre el **T intelectual** y el TM perjudicó fuertemente al segundo, al embrutecer al **obrero,** reducido a fuerza bruta por la **producción capitalista,** 17- **necesario (Karl Marx):** Período del tiempo de **T** en que el **obrero** trabaja para sí, produciendo lo necesario para reproducirse a sí mismo como **fuerza de T (producto necesario)** y cobrando a cambio un **salario**. Todo lo que supera el TN es **T excedente** (no remunerado), 18- **productivo (marxismo):** T que genera **plusvalía** dando lugar a la relación de **explotación** dominante (**capitalista** u otra). El TP es el creado, por ejemplo, por el **proletariado industrial** y por el **proletariado rural**. Un médico que atiende su propio consultorio realiza un T no productivo; otro que es empleado en un sanatorio realiza un TP. Todo T que produzca **bienes** y **servicios** (desde la fabricación de tortas a la "**producción**" de las emociones que genera un recital de música en vivo) es TP; todo T que se limita a comercializar bienes y servicios previamente producidos (como un empleado bancario o un vendedor) no lo es, ya que sólo implica un traspaso de **valor** (un cambio de dueño) y no una creación de valor.

Trade-union: Voz inglesa que refiere a los **sindicatos**. Los primeros *T-U* surgieron en las actividades claves de la **Revolución Industrial**: textil, ferrocarril y minería.

Tradeunionismo: Postura que sostiene que el **movimiento obrero** debe luchar por reivindicaciones económicas inmediatas (**salarios** y condiciones de **trabajo**) sin considerar su organización **política** como **clase**. El término refiere a las *trade union*, es decir, a centralizar la lucha obrera a través de los **sindicatos**. El *T*, sindicalismo o **economicismo** es combatido por el **marxismo** –en especial por **Lenin**- como un mecanismo de **dominación burguesa** sobre la **clase obrera**.

Tradicional: Es T aquello que ha existido desde mucho tiempo atrás y que se resiste a cambiar. En este sentido, el tradicionalismo tiene un componente **conservador** (religioso como en De Bonald o **laico** como en De Lamennais) y se opone al llamado **progresismo**. Por otra parte, desde la **Sociología de la modernización** la llamada **sociedad T** refiere a la sociedad **agraria** preindustrial que antecede a la **sociedad moderna**.

Tribu: Unión de varias **familias, fratrías** o **clanes** por lo general **nómades** unidos por lazos de sangre y costumbres ancestrales. Según el **evolucionismo**, la T es una **organización** social anterior a la formación de ciudades-**Estados**, con un **gobierno** que controla un **territorio** autónomo –aunque otras visiones ligan al **término** con la ausencia de todo tipo de jefaturas, **poder** político o **clases sociales**-.

U

Unidad de análisis: Parte del **universo de análisis** que se selecciona para estudiar en una **investigación**. Dado cierto **análisis** que se lleve a cabo acerca de una parcela de la realidad, la UA será aquella cosa que pertenezca al recorte pero cuya **estructura** interna no es analizada. Por ejemplo, en la **lógica proposicional** las **proposiciones** son la UA porque no se estudia la estructura interna de las **proposiciones atómicas**, como sí la analizan, en cambio, la silogística aristotélica o la **lógica cuantificacional**.

Universo: Ver **población**.

Urbanización: Proceso de formación y poblamiento de las **ciudades** con **migrantes** que provienen de zonas rurales y desarrollo comercial y productivo industrial que se desenvuelve, con mejores posibilidades de **empleo**, remuneraciones y provisión de **servicios**.

Utopía (siglos XVI-XVII): (Del griego *utopos*, "lugar que no existe"). Idea que propone una **sociedad** o **estado de cosas** ideales. Con antecedentes en *La República* de **Platón**, la U en sí surgió con la obra de T. **Moro** que lleva ese nombre (1516), pero se desarrolló también en otras, como *La ciudad del Sol*, de Tomasso di Campanella (1602) y *La Nueva Atlántida*, de Francis **Bacon** (1621). En el siglo XIX, la idea de la U fue vinculada por **Marx** al pensamiento de una corriente que peyorativamente denominó "**socialismo utópico**". En el siglo XX aparecieron U negativas, centradas en una visión pesimista del futuro (por ejemplo, G. Orwell y A. Huxley). En la actualidad, el **término** refiere a toda aspiración a la que se tiende, pero se sabe de antemano que es imposible de alcanzar.

V

Valor: Magnitud que dice que la valuación de los **bienes** está determinada por la cantidad de **trabajo** incorporado en los mismos en el proceso de **producción**. En A. **Smith** y en D. **Ricardo**, el V termina siendo igual al **precio**, ya que éste expresa directamente al primero.

Para **Marx**, en cambio, el **precio de mercado** no tiene una relación directa con el V originado en el **proceso de producción**. En Marx, el V está formado por tres componentes: **capital constante**, **capital variable** y **plusvalía** (su fórmula es V = c + v + p). **V de cambio:** Capacidad de una **mercancía** de ser intercambiada por otras debido a que: a) tiene un **V de uso**, b) es producto del **trabajo** humano socialmente necesario para producirla (el que puede medirse en forma **objetiva** por el tiempo que insume) y, c) es producida para el **mercado**. Opuesto: **V de uso**. Ambas categorías, originadas en **Aristóteles**, son cruciales para la **economía política** (unificando en este punto a A. **Smith**, D. **Ricardo** y K. **Marx**). Éste plantea que el VDC implica un trabajo pretérito encerrado en la mercancía **fuerza de trabajo** (es decir que, el vendedor de la fuerza de trabajo –el **trabajador**– enajena su V de uso y realiza su VDC). **V de uso: Utilidad** o capacidad que tiene una **mercancía** de satisfacer una necesidad. Ambas categorías, originadas en **Aristóteles**, son cruciales para la **economía política** (unificando en este punto a A. **Smith**, D. **Ricardo** y K. **Marx**). Según este último, en el VDU importan la calidad, naturaleza y contenido del **trabajo**. Se basa en un interés **subjetivo**, por lo que no sirve como parámetro de medida de su **V de cambio** ya que su V dependerá de la evaluación que cada **individuo** haga.

Variable: Propiedad de un **fenómeno**, característica que puede variar en su calidad o en su cantidad. Elemento que se introduce en un **modelo** con el fin de poder determinar su **valor**. Se llama V a cada una de las propiedades de los **objetos** que están siendo estudiados. Si estamos estudiando a los niños, por ejemplo, una V será la edad, porque ésta variará de un niño a otro. En **lógica**, es un **signo** cuyo **significado** no es siempre el mismo o no está determinado. Por ejemplo, "x" es una V en "8 + 45 . x" y "p" es una V en "no p". Opuesto: **constante** (ver también **operacionalización** y **análisis multivariado**). Tipos de V: 1- **antecedente: V** que antecede a otra. Por ejemplo, la V "estudios universitarios" tiene como VA a la V "estudios secundarios", 2- **categórica: V nominal** u **ordinal** en la que no puede determinarse con exactitud la distancia entre sus **categorías**, 3- **causada:** Ver **V dependiente**, 4- **causal:** Ver **V independiente**, 5- **continua: V** que en su **escala** de medición admite infinitas posibilidades intermedias. Por ejemplo, el peso de una persona o la calificación de una película, 6- **controlada: V** que el investigador pretende mantener en un punto fijo. Por ejemplo, si queremos mantener el agua en su punto de ebullición, el punto fijo será de 100 ċ C y la VC será la temperatura, 7- **controladora: V** que se utiliza para mantener en un punto fijo a una **V controlada**. Por ejemplo, si queremos mantener el agua en su punto de ebullición, la VC será la intensidad del fuego, 8- **cualitativa: V** que no admite la construcción de una serie numérica. La VC es utilizada en temas actitudinales o motivacionales. Por ejemplo, la actitud del electorado frente a un acontecimiento familiar de la vida pasada de un candidato. Otros ejemplos: la nacionalidad, la **religión**, los colores, la **clase social**, 9- **cuantitativa: V** que admite una **escala** de medición numérica. Por ejemplo, la cantidad de alumnos que cursan la enseñanza primaria en la Ciudad de Buenos Aires, la edad, el nivel de los **salarios** o el volumen de **exportaciones**, 10- **de control: V de prueba** que permite determinar si la relación entre una **V independiente** y una **V dependiente** es correcta o no (en cuyo caso será una **relación espuria** o "falacia de relación causal"), 11- **de prueba:** Ver **V de control**, 12- **V dependiente: V** cuyo **valor** sufre modificaciones de acuerdo con las fluctuaciones de otra V. Por ejemplo, si decimos que la **clase** alta suele votar a **partidos** de **derecha**, "clase alta" será la **V independiente** y "voto a partidos de derecha", la VD, 13- **discreta: V** que en su **escala** de medición no admite agregar posiciones intermedias. Por ejemplo, número de hijos o cantidad de listas que se presentan en una **elección** (aunque sí pueden hacerse promedios), 14- **endógena: V** interior a un **fenómeno** y que influye sobre él. Por ejemplo, una crisis en el **gabinete** es una VE respecto del **sistema político**, 15- **exógena: V** exterior que influye sobre un **fenómeno**. Por ejemplo, la **demanda** de soja proveniente de Europa es para la **Argentina** una VE, 16- **experimental: V** que es creada y/o manipulada en condiciones experimentales, 17- **extensiva: V** que alude a la posibilidad de hacer proyecciones, es decir, de extender la asociación entre Vs a otras categorías. Por ejemplo, el aumento del **presupuesto** puede impactar tanto sobre los **salarios** del sector docente como del administrativo, 18- **extraña: V independiente** no vinculada con el **fenómeno** que se está estudiando pero sobre la que puede producir efectos o distorsiones. Por ejemplo, si queremos medir el nivel de lectura de un niño y hay un televisor prendido en la habitación, 19- **independiente: V** cuyo **valor** se supone que no está determinado por otra V. Por ejemplo, consideremos que una de nuestras **hipótesis** de **investigación** sea que el nivel de **educación** de una persona varía según la **clase social** a la que se pertenece, ya que las condiciones económicas determinan posibilidades de acceso y permanencia en el **sistema** educativo. Esto significa que en la encuesta que realicemos la clase social será una VI, porque no estará determinada por otra V. En cambio, "nivel de educación" será la **V dependiente** porque se la supone determinada por la V "clase social", 20- **intensional: V** utilizada por el investigador para "encubrir" la verdadera V a medir. Por ejemplo, si queremos medir el grado de **prejuicio** de las personas utilizamos otra V que provoque menos resistencia (a la mayoría de los encuestados les costaría reconocerse como prejuiciosos aunque lo sean), 21- **interviniente:** Factor externo a las Vs, sean éstas dependientes o independientes, vinculado con ambas. Es el caso de una **V de control** o **V de prueba.** Por ejemplo, si tenemos una V A "nutrición en la infancia" (**V independiente**) y una V B "coeficiente intelectual adulto" (**V dependiente**), "nivel socio-económico" es una VI ya que altera la relación entre A y B.

Varianza: Grado en que una **variable aleatoria** o **estocástica** se dispersa en torno a su valor medio y que se mide por el cuadrado de la desviación tipo.

Vasallaje: Vínculo de fidelidad y dependencia de una persona respecto de otra. Relación entre los **vasallos –individuos** de la **nobleza** reclutados militarmente (vasallos nobles) o simplemente hombres libres aunque no nobles (vasallos a secas)– y un **Rey** o noble, donde los primeros se subordinaban a las órdenes monárquicas o nobles y formaban parte de su séquito, a cambio de protección y beneficios en **bienes** inmobiliarios (**feudos**). Estos vasallos tenían la autoridad para cobrar peajes e **impuestos** y administrar justicia en el **territorio** asignado. El V se difundió cuando –tras las invasiones germánicas– se redujo enormemente la circulación de **monedas** y la **tierra** comenzó a ser utilizada como medio de pago. A través del V, los reyes, emperadores, **señores**, obispos y condes formaron sus clientelas armadas. Desde fines de la **Edad Media**, el término V se usó para denominar a los súbditos de un soberano pero también para referirse a los **campesinos**, **villanos** y otros dependientes de un **señorío**.

Vasallo: En la **Edad Media**, hombre libre con un vínculo vitalicio de dependencia personal al servicio de un **noble** o de un **Rey**, a quien prestaba fidelidad a cambio de protección y otras recompensas. En el caso del V noble, se trataba de un **funcionario** o soldado subordinado a un Rey, reclutado entre la **nobleza**, encargado de administrar los **territorios** e inmuebles reales y remunerado con la cesión de **tierras**. En el caso de que el hombre libre no fuera noble, se le denominaba V natural.

Verstehen: Ver **comprensión**.

Vigilar y castigar. El nacimiento de la prisión (**Michel Foucault**, 1965): Descripción del **sistema** carcelario como **modelo** de la **sociedad panóptica** y relato de las relaciones de **poder** y la opresión ejercida a partir de los **saberes** y los **discursos** dominantes en las distintas épocas. **Foucault** relata cómo, si en el siglo XVIII predominaba el castigo brutal y público, la exhibición de la tortura y el dolor (por ejemplo, quemar vivo a quien mató a un **Rey** a la vista de todo el **pueblo**, a modo de espectáculo), en el siglo XIX se pasará a la vigilancia y el control sistemático de todos y cada uno de los movimientos del prisionero. El encierro rigurosamente controlado pasa a ser el castigo general y único. Lejos de ser la cárcel el lugar para "reformar" al **individuo** y "reinsertarlo" en la sociedad, la prisión sirve para crear al reincidente, evitando que millones de pobres y oprimidos se organicen políticamente, y formando una fuerza de choque para reprimir la organización y las protestas populares (barras bravas, patotas, torturadores, mafias, etc). Además, la existencia de la delincuencia, presta un justificativo para que haya más policías. La idea es que el poder no opera a través de la **represión** o la **ideología**, sino por la **disciplina**, la normalización. Y esto no sólo en la cárcel, sino en cada uno de los espacios sociales: la escuela (el alumno obediente), la **fábrica** (el **"gorila amaestrado"** del **fordismo**), la **familia** (el ama de casa sumisa), etc.

W

Weber, Max (1864-1920): Sociólogo alemán, férreo impulsor del **Estado** alemán. W observó con preocupación que -si bien los *junkers* eran la base social de la unificación **política** alemana en 1890 liderada por **Bismarck**- el futuro económico del país pasaba por la **industrialización**, a la que los *junkers* –**terratenientes** de **Prusia** oriental- se oponían. El tema central de su obra se centró en el análisis de las condiciones de la expansión del **capitalismo** industrial en **Alemania**, país que durante el siglo XIX -debido a su falta de unificación política y su debilidad industrial- tenía un atraso con respecto a **Inglaterra** y **Francia**. W destacó al **calvinismo** -una de las ramas del **protestantismo**- como la **religión** que favoreció el desarrollo del capitalismo. El objetivo de W era el de desarrollar una conciencia dirigente en la **burguesía** para derrotar a los terratenientes y frenar el desarrollo del ala **izquierda** de la **socialdemocracia** –de base **obrera** e **ideología marxista**-. En lo político, para contrarrestar la tendencia inevitable que observaba en toda organización a la **burocratización** -empezando por el Estado y los **partidos políticos**- W propuso como cabeza del Estado a la figura de un **líder carismático**, elegido y controlado por un **Parlamento** democrático. En el fondo, W era partidario del ala más **conservadora** de la socialdemocracia y postulaba un capitalismo basado en la **conciliación de clases**. Metodológicamente, W es uno de los más importantes pensadores del **comprensivismo**, escuela centrada en la creencia de que la **Sociología** debe tratar de comprender el **significado** que las acciones tienen para el actor. Para W, el **individuo** es el "átomo" de la **sociedad**, ya que todas las entidades colectivas (la **Nación**, el Estado, los partidos políticos) se originan en las acciones de los **individuos**. Estableció también los llamados **tipos ideales de dominación** y los **tipos ideales de acción social**. La sociología weberiana se opone tanto al **positivismo conservador** de **Durkheim** como al **marxismo revolucionario**, adoptando una postura **reformista** frente al capitalismo. Entre sus obras principales encontramos a: *La ética protestante y el espíritu del capitalismo* (1905) y *Economía y sociedad* (1920).

Welfare State: Ver **Estado de Bienestar.**

X

Xenofobia: Odio hacia los extranjeros. Es común entre los partidarios de la **extrema derecha.**

BIBLIOGRAFÍA

En todos los casos se cita el año de edición consultada, que no necesariamente coincide con la primera edición de la obra ni con el año en que ésta fue escrita.

LIBROS

AA.VV., *Los hechos sociales*, Gran Aldea, Buenos Aires, 2002

-, *Vida cotidiana*, Gran Aldea, Buenos Aires, 2002

Althusser, Louis, *Ideología y aparatos ideológicos del Estado*, Nueva Visión, Buenos Aires, 1988

Álvarez Natale, Hugo et al, *Contribución al estudio de los grupos de interés*, Abeledo-Perrot, Buenos Aires, 1960

Anderson, Perry, *Consideraciones sobre el marxismo occidental*, Siglo XXI, México, 1991

-, *Las antinomias de Antonio Gramsci*, Fontamara, México, 1986

-, *Tras las huellas del materialismo histórico*, Siglo XXI, México, 1988

Archenti, Nélida y Aznar, Luis, *Actualidad del pensamiento sociopolítico clásico*, Eudeba, Buenos Aires, 1988

Berger, F. y Luckmann, T., *La construcción social de la realidad*, Amorrortu, Buenos Aires, 1982

Blalock, H., *Introducción a la investigación social*, Amorrortu, Buenos Aires, 1989

Bottomore, Tom, *Introducción a la Sociología*, Península, Barcelona, 1992

Bourdieu, Pierre, *Sociología y cultura*, Grijalbo, México, 1990

Campanella, Bruno, *Sociología,*

Itinerarium, Buenos Aires, 1991

Chinoy, Ely, *Introducción a la Sociología*, Paidós, Buenos Aires,

Davis, K., Moore, W. y otros, *La estructura de clases*, Tiempo Nuevo, Caracas, 1970

De Lara, Gustavo M., *Medioevo y capitalismo*, Oficina de Publicaciones del CBC, Universidad de Buenos Aires, Buenos Aires, 1996.

Di Tella, Torcuato, *Introducción a la Sociología*, Eudeba, Buenos Aires, 1985

-, *Sociedad y Estado en América Latina*, Eudeba, Buenos Aires, 1985

-, *Sociología de los procesos políticos*, Eudeba, Buenos Aires, 1986

Di Tella, Torcuato y Lucchini, Cristina, *Elementos de Sociología*, Biblos, Buenos Aires, 1996

-, *Teoría e historia. Una aproximación al estudio de la sociedad y el Estado en América Latina*, Biblos, Buenos Aires, 2001

Dobb, Maurice, *Capitalismo, crecimiento económico y subdesarrollo*, Ediciones de Occidente, Barcelona, 1964

-, *Estudios sobre el desarrollo del capitalismo*, Siglo XXI, Buenos Aires, 1971

Dowse, R. y Hughes, J., *Sociología política*, Alianza, Madrid, 1982

Durkheim, Emile, *El suicidio*, Akal Ediciones, Madrid, 1995

-, *La división del trabajo social*, Planeta-Agostini, Barcelona, 1985

-, *Las reglas del método sociológico*, Alianza, Madrid, 1988

Emiliozzi, S. y Flaster, G., *Introducción al concepto de poder en M. Foucault*,

Eudeba, Buenos Aires, 1998

Engels, Friedrich, *Del socialismo utópico al socialismo científico*, Anteo, Buenos Aires, 1986

Ferronato, *Aproximaciones a la globalización*, Macchi, Buenos Aires, 1999

Fillingham, Lidia Alix, *Foucault para principiantes*, Era Naciente, Buenos Aires, 2002

Fitoussi, J. P. y Rosanvallon, P., *La nueva era de las desigualdades*, Manantial, Buenos Aires, 1997

Foucault, Michel, *Las redes del poder*, Almagesto, Buenos Aires, 1991

-, *Microfísica del poder*, Editorial de La Piqueta, Madrid, 1979

-, *Vigilar y castigar*, Siglo XXI, México, 1976

García Canclini, Néstor, *Cultura y sociedad. Una introducción*, Dirección General de Educación Indígena de la SEP, México, 1981

Germani, Gino, *Política y sociedad en una época de transición: de la sociedad tradicional a la sociedad de masas*, Paidós, Buenos Aires, 1979

Giddens, Anthony, *El capitalismo y la moderna teoría social*, De Labor, Barcelona, 1995

-, *La estructura de clases en las sociedades avanzadas*, Amorrortu, Buenos Aires,

-, *Sociología: problemas y perspectivas*, Alianza, Madrid, 1991

Ginzburg, Carlo, *El queso y los gusanos. El cosmos según un molinero del siglo XVI*, Muchnik, Barcelona, 1981

Gramsci, Antonio, *Notas sobre Maquiavelo, la política y el Estado moderno*, Nueva Visión, Buenos Aires, 1997

Hanono, Viviana, *Dossier Gramsciano. Una propuesta de lectura y reflexión*, Oficina de Publicaciones del CBC, Buenos Aires, 1996

Heller, Agnes, *Historia y vida cotidiana*, Grijalbo, México, 1985

-, *Sociología de la vida cotidiana*, Península, Madrid, 1976

Kohan, Néstor, *Gramsci para principiantes*, Era Naciente, Buenos Aires, 2003

Lafforgue, Martín, *Sociología para principiantes*, Era Naciente, Buenos Aires, 2002

Lechte, John, *Cincuenta pensadores contemporáneos esenciales*, Cátedra, Madrid, 1996

Lenk, K. y Neumann, F., *Teoría y sociología crítica de los partidos* políticos, Anagrama, Barcelona, 1980

Lucchini, Cristina et al, *La impronta espacial-temporal en el análisis social clásico*, Biblos, Buenos Aires, 2000

Lucchini, Cristina et al, *El contexto histórico del pensamiento sociológico*, Oficina de Publicaciones del CBC, Buenos Aires, 1995

Lucchini, C. y Bubello, *Economía, sociedad y formas de organización del trabajo en el siglo XX*, Biblos, Buenos Aires, 2005

Lucchini, C., Ferrante, J. y Minguez, R., *Los procesos de reestructuración capitalista desde la Primera Guerra Mundial a los inicios del siglo XXI*, Biblos, Buenos Aires, 2001

Mandel, Ernest, *Introducción a la teoría económica marxista*, Ediciones Cepe, Buenos Aires, 1973

Marx, Karl, *El Capital*, Siglo XXI, México, 1975

-, *El Dieciocho Brumario de Luis Bonaparte*, Polémica, Buenos Aires, 1975

-, *Manuscritos de 1844*, Cartago, Buenos Aires, 1984

-, *Prólogo a la contribución a la crítica de la Economía Política*, Sarpe, Madrid, 1985

-, *Trabajo asalariado y capital / Salario, precio y ganancia*, Anteo, Buenos Aires, 1975

Marx, Karl y Engels, Friedrich, *Correspondencia*, Cartago, Buenos Aires, 1973

-, *Manifiesto del Partido Comunista*, Polémica, Buenos Aires, 1975

-, *La ideología alemana*, Grijalbo, Barcelona, 1972

Mills, Charles Wright, *La élite del poder*, FCE, México, 1957.

-, *La imaginación sociológica*, FCE, México-Buenos Aires, 1961

Molina, M., Paiva, R. y Tuero, J., *Construcciones sociales*, Gráfica Soluciones, Buenos Aires, 2004

Portantiero, Juan Carlos, *La Sociología clásica: Durkheim y Weber*, CEAL, Buenos Aires, 1977

-, *Los usos de Gramsci*, Buenos Aires, 1987

Rex, John, *Problemas fundamentales de la teoría sociológica*, Amorrortu, Buenos Aires, 1985

Sarlo, Beatriz, *Escenas de la vida posmoderna*, Ariel, Buenos Aires, 1994

Schütz, Alfred, *Estudios sobre teoría social*, Buenos Aires, 1974

Toer, Mario, *El materialismo histórico*, Proyecto Editorial, Buenos Aires, 2002

Weber, Max, *Economía y sociedad. Esbozo de sociología comprensiva*, FCE, México, 1984

-, *Ensayos de Sociología contemporánea*, Planeta-Agostini, Barcelona, 1985

-, *La ética protestante y el espíritu del capitalismo*, Península, Barcelona, 1992

Zeitlin, Irving, *Ideología y teoría sociológica*, Amorrortu, Buenos Aires, 1977

ARTÍCULOS

Ansaldi, Waldo, "Frívola y casquivana, mano de hierro en guante de seda. Una propuesta para conceptualizar el término oligarquía en América Latina", en Funes, Patricia (comp.), *América Latina: planteos, problemas, preguntas*, Manuel López Editor, Buenos Aires, 1992

Farrán, Gabriela, "Taylorismo, fordismo y americanismo", en Pozzi, Pablo et al, *Un pasado imperfecto: el conflicto en la historia de los EE.UU.*, Manuel Suárez Editor, Buenos Aires, 1992

Foucault, Michel, "Las redes del poder", en *Fahrenheit 451*, Buenos Aires, 1993

Gouldner, Alvin, "La sociología reflexiva", en *La crisis de la Sociología occidental*, Amorrortu, Buenos Aires, 1970

Hirsch, Joachim, "¿Qué es la globalización?", en *Cuadernos del sur N° 24*, Ed. Tierra del Fuego, Buenos Aires, 1997

Holloway, John, "La rosa roja de Nissan", en *Cuadernos del Sur N° 7*, Buenos Aires, 1988

Hopenhayn, Martín, "Michel Foucault. Poder y condicionamiento", en *Revista David y Goliat N° 50*, Buenos Aires, 1986

Lechner, Norberto, "Estudiar la vida cotidiana", en *Los patios interiores de la democracia*, FLACSO, Chile, 1988

Marqués, Vincent, "Casi todo podría ser de otra manera", en *No es natural. Para una Sociología de la vida cotidiana*, Anagrama, Barcelona, 1982

Marx, Karl, "Carta a P. V. Annenkov", en *Correspondencia K. Marx-F. Engels*, Cartago, Buenos Aires, 1972

Mills, C. Wright, "La promesa", en *La imaginación sociológica*, FCE, México, 1961

Schutz, Alfred, "Elaboración de los objetos mentales en el pensamiento de sentido común", en Horowitz, Irving, *Historia y elementos de la Sociología del conocimiento*, Eudeba, Buenos Aires, 1964

Waztlawicz, Paul, "Planolandia", en *Es real la realidad*, Herder, Barcelona, 1981

ENCICLOPEDIAS, DICCIONARIOS Y GLOSARIOS

Albano, Sergio, *Michel Foucault. Glosario de aplicaciones*, Editorial Quadrata, Buenos Aires, 2004

Del Acebo Ibáñez, Enrique y Brie, Roberto J., *Diccionario de Sociología*, Editorial Claridad, Buenos Aires, 2001

Di Tella, Torcuato et al, *Diccionario de Ciencias Sociales y Políticas*, Ariel, Buenos Aires, 2004

Jólod, S., *¿Qué es...? Breve diccionario de términos socio-políticos*, Editorial Progreso, Moscú, 1989

Mentor, *Enciclopedia de Ciencias Sociales*, Océano, Barcelona, 2000

Pardo Alonso, Inmaculada et al, *Diccionario de Ciencias Sociales*, Editorial Escuela Española, Madrid, 1992

www.ingramcontent.com/pod-product-compliance
Lightning Source LLC
Chambersburg PA
CBHW051216160726
47994CB00002B/626